会表达的人赢麻了

人前不紧张的说话技巧

［日］森下裕道 —— 著
吕艳 —— 译

中国宇航出版社

·北京·

版权所有　侵权必究

<Ichitai Ichidemo Oozeidemo Hitomaede Agarazunihanasu Gihou>
Copyright © Hiromichi Morishita 2021
First published in Japan in 2021 by DAIWA SHOBO Co.,Ltd.
The simplified Chinese translation rights arranged with DAIWA SHOBO Co., Ltd.
through Rightol Media in Chengdu.
Chinese edition copyright © 2025 by China Astronautic Publishing House Co., Ltd.

本书中文简体字版由著作权人授权中国宇航出版社独家出版发行，未经出版者书面许可，不得以任何方式抄袭、复制或节录书中的任何部分。

著作权合同登记号：图字：01-2025-1576 号

图书在版编目（CIP）数据

会表达的人赢麻了：人前不紧张的说话技巧 /（日）森下裕道著；吕艳译. -- 北京：中国宇航出版社，2025.8. -- ISBN 978-7-5159-2550-9

Ⅰ．H019-49

中国国家版本馆CIP数据核字第2025T4A791号

策划编辑	张文丽	封面设计	毛　木
责任编辑	吴媛媛	责任校对	张文丽

出　版 发　行	**中国宇航出版社**		
社　址	北京市阜成路 8 号	邮　编	100830
	（010）68768548		
网　址	www.caphbook.com		
经　销	新华书店		
发行部	（010）68767386		（010）68371900
	（010）68767382		（010）88100613（传真）
零售店	读者服务部		
	（010）68371105		
承　印	北京中科印刷有限公司		
版　次	2025 年 8 月第 1 版		2025 年 8 月第 1 次印刷
规　格	880×1230	开　本	1/32
印　张	6.5	字　数	134 千字
书　号	ISBN 978-7-5159-2550-9		
定　价	39.80 元		

本书如有印装质量问题，可与发行部联系调换

○ 序 章 ●

你是否常常暗自期望，自己说话时能够不紧张该有多好。

你好！非常感谢你翻开这本书。作为作者，我曾被怯场和紧张困扰长达30多年，深知其中滋味，创作这本书，就是希望能帮到和曾经的我一样，深受其苦的人们。

我想先问问你，在哪些场景下，你会明显感到紧张或怯场呢？麻烦在下面的情境中，勾选与你相符的选项。

检查一下你的"紧张或怯场程度"吧

- [ ] 在众人面前讲话或演讲时
- [ ] 在晨会上简短地发言时
- [ ] 在演示中作讲解或报告时
- [ ] 与上级（总裁、董事、监事、业务合作伙伴等）交谈时
- [ ] 在领导众多的会议中发言或突然被提问时
- [ ] 去新公司或新职场（部门）时
- [ ] 参加求职或转岗面试时
- [ ] 必须向上司汇报不好的消息时

- ☐ 接听公司电话时
- ☐ 被邀请主持研讨会或派对等活动时
- ☐ 与初次见面的人会面时
- ☐ 参加考试（入学考试、晋升、资格证书等）时
- ☐ 在体育比赛或演奏比赛前，以及兴趣爱好或学习课程的展示前
- ☐ 与异性见面或交谈时
- ☐ 在酒会、联谊会上，无论是自我介绍，还是发表开场祝酒词、结束致辞时
- ☐ 向心仪的人表白时
- ☐ 与上级或多个人交换名片时
- ☐ 给客人端茶时
- ☐ 在别人面前写字时
- ☐ 参加跨行业交流会、研讨会、派对等活动时
- ☐ 去了不太熟悉的高级餐厅时

你勾选了多少个选项呢？要是勾选了 5～10 个选项，那么这本书对你而言非常值得一读。**要是勾选超过 10 个，这就表明情况比较严重了。**如果你极易紧张，别犹豫，马上到收银台付款买下这本书，然后尽快阅读。

有些人甚至会说"这些情况都会让我紧张！"**别担心，容易紧张的问题完全能够得到显著改善。**

实不相瞒，我以前也是"极致"的怯场者

我怯场的程度非常令人吃惊。

- 在公共场合，手脚会发抖，面部、背部和腋下会大量出汗。
- 一想到要在会议上发言，就全身颤抖。
- 试图说话时口干舌燥，几乎说不出话来。
- 因突然被提问或与领导进行谈话而大脑一片空白。
- 演讲时，结结巴巴，说话哽咽或声音发颤。
- 交换名片时手会发抖。同时与几个人交换名片尤其糟糕！
- 与异性交谈时感到异常的紧张和恐惧。此外，在自己喜欢的异性面前也会非常紧张。
- 见到新朋友时会紧张。
- 即使是公司酒会上的祝酒词，也会伤透脑筋。
- 演讲或面试前一周焦虑不安，无法入睡。
- 每当遇到稍微紧张的情况，心就会怦怦直跳。
- 在餐馆里使用刀叉时感到紧张。
- 在他人的目光下写字手抖。
- 一紧张就口干舌燥，而且总是想上厕所。

这些都是我过去的真实经历。自然，我讨厌这样的自己。我不知道自己失败了多少次，被羞辱了多少次，也不知道自己因为

紧张而焦虑恐惧，自暴自弃了多少次。我甚至明知机会难得而仍然逃避，结果后悔莫及。

长期以来，我一直在与自己的紧张情绪做斗争。为此，我一直很担心，并且进行了各种尝试，拼命寻找和思考摆脱紧张的方法。

最终，我找到了轻松摆脱紧张的方法！**我因紧张而遭受的苦难比我所见过的任何人都要多，所以我为自己能写这本书而感到自豪。**

我现在可以告诉大家，摆脱紧张，从来都不是一件难事！

◉ 之前的方法没有奏效的原因

也许你会想，"大部分关于缓解紧张的书籍，内容都是一样的……"实际也的确如此！我已经为紧张情绪挣扎了很长时间，所以我曾随便阅读过一些关于如何摆脱烦躁和紧张的书。然而，所有书最后都只会建议人们"积累经验""掌握呼吸技巧""拥抱紧张""把人当成南瓜""念一些不知所谓的咒语"，或者只是列举一些演讲技巧。

我要大声告诉大家的是，这些方法根本不能让紧张情绪有所好转！ 当然，这并不是说它们完全无效。让人感到一丝欣慰的是，对紧张程度较低的人可能会有效。但是，对于那些比其他人更容易紧张，或者在别人看来不存在怯场问题，实际上却极易紧张的人而言，效果就没那么明显了。

当然，不管是否容易紧张，我们都需要多多积累相关经验，这是大家都明白的道理。可即便心里清楚，实际情况却可能并未改善，或者说明知道该积累经验，却怎么也付诸不了行动。

还有一种可能是，人越是自信或自身优势越明显，反而越容易紧张，甚至在积累大量经验之后依然如此。**由此可见，并非经验越丰富，应对紧张的效果就越好。**如果没有意识到"一件事儿"，那么即便积累再多经验，也可能毫无价值。

深呼吸和腹式呼吸等呼吸技巧，肯定能帮助人们放松。我试过很多次，但这只会让我更加口干舌燥。因此，我不建议非常容易紧张的人去尝试。

我认为，"每个人都会紧张，所以要拥抱紧张！"以及"紧张没关系，当你紧张时，更要爱自己！"这类话语，都是很好的指引。然而，有些人即便想要改变自己，去接纳自身的紧张情绪，却无论如何都做不到。

你可能已经知道"要把人当成南瓜""念一些不知所谓的咒语"或"各种演讲技巧"，也可能尝试过其中的一种或几种。但即便如此，紧张的情绪也并未缓解。

● 仅仅通过"一件事儿"，就能变得"判若两人"

事实上，要摆脱紧张，只需要注意"一件事儿"！一旦知道

了这一点，就很容易消除紧张情绪！

你可能认为我有点夸大其词，但事实的确如此。不紧张的人通常都会无意识地这样做。现在，我经常会在成千上万的人面前演讲，但我完全不会再有紧张的情绪。

准确地说，我会感到紧张，但那是一种正面意义上的紧张，我不会再像以前那样因为紧张而大脑一片空白，声音颤抖，说话卡壳，或者手脚发抖。

我可以享受在数千人面前演讲的乐趣，做到不怯场、不紧张。在过去，你可能经常受到紧张和焦虑的困扰，因怯场而放弃或逃避，未能充分展现自己的实力。你犯过错，也出过丑。你可能至今仍然会对一些事情感到后悔、遗憾。

读完这本书，难题就会迎刃而解。当然，你不能只读书，而是要真正付诸实践。但请放心，书中有很多供你实践的技巧。

我可以自信地说，**如果从焦躁和紧张中解脱出来，人生将会改变！恰似"判若两人"一般，人生不仅渐入佳境，更如拾级而上般持续成长。**

如果能读到这里，你已经开始改变了。因为现在你已经站在了起点。之前，我曾写道，要想摆脱紧张，只需要注意"一件事儿"。接下来，我就想从这个话题开始说起。

下面，就让我们一起进入第 1 章的内容，了解瞬间克服紧张的秘诀！

目录

第1章
瞬间掌控全场:轻松克服紧张的秘诀

为何你一开口就紧张? / 3

 面试者会紧张,面试官亦然 / 5

 从容与局促,你和社交达人差在哪? / 6

切换角色,你也能从紧张到淡定 / 10

 极度怯场者也能停止颤抖 / 11

 站在"观察者"角度,消除紧张感 / 13

 破解隐形目光带来的压力 / 14

百人场合如何不怯场?聚焦对方需求,而非自我焦虑 / 17

 应用注意力转移法,消除紧张感 / 20

 90%的怯场者都忽略眼前人 / 21

目 录

第 2 章

七大训练法：让你告别紧张，尽显从容

训练1　精准赞美法：从细节入手 / 25

　　努力发现别人的优点，拉近彼此的距离 / 27

　　用对方的"价值点"激活好感度 / 28

训练2　环境扫描法：观察空间与人群 / 32

　　拓宽心的边界可以缓解紧张 / 33

　　从观察环境到掌控全场的意识训练 / 35

训练3　眼神互动法：巧用眼神交流，提升说服力 / 37

　　借对方的眨眼频率调整对视时长 / 38

训练4　读心洞察法：透过眼神变化读懂对方真实想法 / 40

　　从目光移动中读懂对方的想法 / 41

训练5　偏好剖析法：摸清对方的需求和习惯 / 44

　　听懂抱怨背后的真实诉求 / 45

目 录

训练6　微表情捕捉法：观察脸色变化和细微动作 / 48
　　看破不说破的智慧 / 50

训练7　舒适区突破法：挑战自我，告别老样子 / 52
　　勇气养成，从举手开始 / 54
　　电影院是培养自信的绝佳场所 / 55

第3章

挣脱过往与未来的枷锁：活在当下，化解紧张

从紧绷到松弛：将紧张感减少到1/3 / 61
　　过往经历让我总想逃避打针 / 62
　　越想越慌，过度想象会放大问题 / 63
　　认知重构让你主动迎战焦虑 / 65

用好记忆橡皮擦：清除过往的经历和创伤 / 68
　　追溯产生紧张情绪的根源 / 69

目 录

做好充分预案：应对未知带来的紧张感 / 72

  人前淡定源于未雨绸缪的力量 / 74

  缺乏充分准备就是没有准备 / 75

告别"灾难化"思维：摆脱身上糟糕的暗示 / 78

  多用积极心理暗示，为心灵注入正能量 / 79

  别人很难轻易察觉你的紧张 / 80

善用肯定表达，舒缓紧张情绪 / 83

  影响潜意识的超强技巧 / 83

用第三方视角复盘演讲过程 / 87

  倾听自己真实的声音 / 88

每天15分钟，进行"心理意象训练" / 90

  多练多成，结果别强求 / 93

陷入恐慌时的即时镇定技巧 / 95

  快速降重心、稳情绪的"重心移动法" / 98

  用"灰尘飘落法"温柔疗愈，平息心跳 / 100

目 录

止住手脚颤抖的"意识化感知法" / 101

从被动应对到主动掌控,快速缓解脸红 / 103

与紧张和解,学会不被情绪左右 / 105

快速平复情绪的"开关"藏在神奇的穴位里 / 106

第4章

高情商社交表达术:六大场景破局妙招

演讲场景:如何表达能拥有高人气? / 111

避免面无表情,让演讲更具感染力 / 114

站在"对方视角",直击听众需求 / 115

聚焦有效信息,提升观点传达效率 / 115

从"表达者"到"共鸣者",抓住听众的心 / 117

强化听众感受,应用好收尾技巧 / 120

提问场景:如何应对突如其来的提问? / 122

目 录

　　用提问的方式，激发对方深度思考 / 124

　　面对突然提问，快速有条理地回答 / 125

　　被追问时，守住立场，认可对方 / 129

　　预判对方可能提出的问题 / 130

会议场景：如何实现高效的沟通？ / 131

　　清晰传达内容，让对方一听就懂 / 131

　　即使听众分心，也要专注表达 / 133

　　在不否定他人意见的情况下表达自己的观点 / 134

　　让你的观点成为共同结论 / 138

　　告别"自我中心"，用"对方视角"激活共鸣 / 139

　　勇敢说出想法，不因得失而沉默 / 139

面试场景：如何让紧张的情绪快速平复？ / 141

　　清晰梳理自身优势和不足 / 143

　　遇到盲区时，坦诚地说"我不知道" / 146

　　破除失眠焦虑，即使失眠也不会影响发挥 / 148

目 录

　　开头微笑问好，结尾高质量提问 / 149

远程场景：怎样让屏幕成为社交"加速器"？/ 152

　　远程沟通的"黄金准备清单" / 152

　　背景也能传递信息 / 158

　　用虚拟背景增加趣味性 / 160

　　远程交流的三个注意事项 / 161

　　从陌生到信任，迅速拉近心理距离 / 166

　　屏幕隔不断温度，打造"握手式"沟通氛围 / 168

　　闲聊中也能敲定合作 / 169

　　激发客户对商品的兴趣 / 171

　　漂亮收尾，迅速下线 / 173

恋爱场景：如何用高吸引力的说话方式打动对方？/ 174

　　真正受欢迎的人所具备的特质 / 175

　　称赞七次，就会成真 / 177

　　通过名人偏好洞察对方的"理想自我" / 178

目 录

展现对方理想恋人的形象 / 182

恋爱与工作要成功，格局很重要 / 183

后记

数一数"成就清单"：你早已光芒闪耀 / 187

对自己温柔点：批评是为了更懂自己 / 188

看看身边的光：他们藏着世界的答案 / 190

小贴士

本书部分页面右上角绘有折线。请在阅读、理解本书内容后，对已付诸实践的章节进行折角。折角的页数越多，你就越不容易紧张！

第1章

瞬间掌控全场：
轻松克服紧张的秘诀

为何你一开口就紧张？

想要迅速赶走紧张情绪，让声音不再发颤，身体不再哆嗦，有什么立竿见影的办法呢？办法当然有，请先思考下面这些问题。

紧张的人与不紧张的人，二者之间的根本性区别究竟是什么？

其实，紧张的人和不紧张的人之间有一个根本性的区别，一旦意识到这一点，就能够消除紧张。

我明白你急切想知道答案的心情。不过，先别急着往下看书，咱们先思考一下其中的区别。你开始认真思考了吗？

我给你个提示：**紧张的人和不紧张的人之间，有个显著且易懂的差异，那就是所处角色的不同，比如一方是"面试官"，另一方是"求职者"**。面试官通常不会紧张，而求职者会紧张。我想任何人都有在面试场合感到紧张的经历。

那么，面试官和求职者的区别到底是什么呢？如果你有意识地注意到这种区别，就不会感到紧张了，即使感到紧张，也能很快恢复过来。

"嗯，比如说评价者和被评价者，又或者招聘方和求职方……"我听到有人这样讲。但这并非我想表达的意思。毕竟，像"面试官是评价者，求职者是被评价者"这类区别，大家从一开始就理应清楚。而且，仅仅意识到"面试官是评价者"这一点，很难就此消除紧张感。

"求职者总是希望给面试官留下好印象……"这是人之常情。常有人讲："我会紧张，是因为想让自己看起来出色。只要做好自己，就不会紧张。"然而，这种说法并不符合实际。在面试中，渴望好好表现自己，难道不是再正常不过的想法吗？**那些声称只要展现真实自我就没问题的人，往往是真正充满自信的人！**可并非所有人都能轻易做到这一点。这也许就是对自身有信心的人与缺乏信心的人之间的差异所在吧！

很遗憾，这也不对。因为自信所以不会紧张，这种说法从一开始就是错误的。当然，没有自信的人大概率会感到紧张。但是，即使很自信，也还是会紧张。

其实，越是口才出众、擅长表达的人，在众人面前反而越容易紧张。而且，对于那些自己满怀信心、志在必得的事情，往往也更容易感到紧张，你是不是也有过类似的经历呢？当然，在一些无关紧要的场合，大家可能不会紧张，但到了真正重要的时刻，还是会不由自主地紧张起来。

实际上，虽然对自己有信心确实能让紧张感减轻，但那些看似有信心的人，其实有很多人还是会紧张。

面试者会紧张，面试官亦然

刚才我说过面试官通常不会紧张，从某种程度上来说确实如此，他们在面试别人的过程中不会紧张。然而，一旦到了公司内部研讨会担任主持人，或是在高管面前发言等其他场合，面试官也会突然紧张起来。

那么，面试官为何在面试时不会紧张呢？有人会说："因为面试官觉得自己比求职者强。"还有人说："因为面试官看不起求职者。"但这两种答案都不是我想要说的。

如果上述说法正确，那就意味着看不起对方就能消除紧张，可事实并非如此，这种态度反而会破坏双方关系。人之所以紧张，往往是莫名觉得自己被对方轻视。但要是以高高在上的姿态对待别人，也会惹出麻烦！

有人提出："我觉得面试官经历过大量面试，早已对这种场景习以为常。"确实，当人适应了特定场景，紧张感往往会随之减轻。由此可见，尽可能多地进行练习，让自己适应相应场景，是极为重要的。

然而，熟悉一个地方有时并不足以消除紧张感。大家或许都有过这样的体验：有些事明明已经做过许多次，可再次面对时，依然会紧张。就像我，在有女性参与接待的公司里，常常会莫名紧张。

其实，面试官在面试过程中也并非总是镇定自若，他们同样会紧张。一旦董事会成员等高层人士突然来到旁边，与面试官一同进行面试，面试官很可能瞬间就会紧张起来。

有人会说："这是因为面试官重视面试呀！"诚然，认真对待面试，在一定程度上能缓解紧张情绪。毕竟，面试对求职者的人生有着重要影响，面试官理应认真负责。

但认真并不等同于不会紧张。以在公共场合发言为例，不管我们准备得多么充分，态度多么认真，依然难免会感到紧张。又比如向喜欢的人表白，我们会全力以赴地认真对待，可紧张感依旧会如影随形。

那么，多数情况下面试官在面试时不会紧张，其背后的真正原因究竟是什么呢？

● 从容与局促，你和社交达人差在哪？

你考虑得很辛苦，一定很累了。接下来，我将揭晓答案。事实上，"面试官"和"求职者"的唯一区别，在于他们是"观察者"还是"被观察者"。

"面试官"是"观察者"，所以不会紧张！"求职者"认为"面试官"在观察自己，所以会感到紧张。

一些人可能已经意识到立场有多么重要，而另一些人可能对此不以为然，认为"这并不值得一提"，不过，这却是消除紧张情绪的最大秘诀。

请仔细想一想自己什么时候会紧张。

试着思考一下自己在什么时候会紧张

- ☐ 轮到自己在早会上发言时
- ☐ 在会议中必须发言时
- ☐ 为进行某种汇报而站在众人面前时
- ☐ 和自己在意的异性说话时
- ☐ 和第一次见面的人交换名片时
- ☐ 被职位高的人突然提问时
- ☐ 必须向上司汇报令人不愉快的事情时
- ☐ 被要求在众人面前发表祝词时
- ☐ 去了自己不习惯的高级餐厅时

第1章 瞬间掌控全场：轻松克服紧张的秘诀

正如前文所述，**这些情况不都是在你觉得被人观察的时候吗？** 无论是在晨会上发言，还是在会议中发表意见，**都是因为你觉得被对方或周围的人观察着，所以才会心跳加速，手脚发抖。**

通常情况下，在观察他人时，你不会感到紧张。当然，要是严厉威严的上司在场，或者你十分重视晨会，确实会产生一种积极的紧张感。不过，当无须自己发言，处于"观察者"角色时，你的手脚不会因为紧张而发抖。

当和初次见面的人、心仪的异性，或是职位较高的人交谈时，你会感到紧张。究其原因，难道不是因为你觉得自己正被对方审视着吗？

那么，为什么和家人说话时不会紧张呢？这并不是因为习惯了才不紧张，而是因为你没有觉得被观察着。

有人因手在发名片、倒茶，或是在人前写字时会颤抖而烦恼。为什么手会发抖呢？大概是在递名片、倒茶、写字时，担心"这样做对吗""会不会显得笨手笨脚"。归结起来，是觉得自己正被他人观察着。

即便到了不熟悉的餐厅，同样会出现这种情况。人们之所以会感到紧张，是因为觉得自己被店员、周围顾客或同行者审视着。实际上，只要不去在意他人目光，即便不习惯使用刀叉，也不会紧张。这就好比在家中使用不熟悉的刀叉，由于没有被观察的心理负担，自然不会感到紧张。

显然，餐厅店员不会在工作时感到紧张。他们时刻关注客人需求、菜品进度与餐厅运营，处于"观察者"角色，自然不会紧张。

前面提到，面试官通常不会紧张，但领导在场时除外。一旦面试官意识到自己的表现正被领导审视，也会产生紧张情绪。

即使是习惯在众人面前讲话的学校老师，上公开课时也难免紧张。在日常教学中，老师专注于观察学生反应，有条不紊地开展教学，不会感到紧张。但公开课时，旁听人员会从旁观察课堂情况，老师一旦意识到自己正被观察，便容易紧张起来。

> **小贴士**
>
> 谈话与幽默感或胆量无关。
> 首先，要摒弃"被观察着"的意识。

切换角色,你也能从紧张到淡定

在我举办的研讨会上,经常会发生一些有趣的事情。当我作为讲师发言时,学员们自然是"观察者"。他们是"观察"的人,所以不会紧张。

但是,如果我突然向学员提出一个问题,之后开始逐个点名回答呢?**当学员成为"被观察者"时,他们便会紧张起来。**

就好像有人按下了开关,事情开始发生有趣的变化。我惊讶地发现,当从"观察者"变成"被观察者"时,人的心态竟然会发生这样大的变化。

如今,即便要在成千上万的人面前演讲,我依然会感到紧张,但每次都能成功化解。实际上,之所以能做到这一点,是因为在演讲过程中,不只是听众在观察我,我也在留意他们。例如,我在讲座后举行签名会时,会对排队的人说:"你当时坐在最右边第三排,是吗?""你似乎很喜欢听我讲课,是吗?""你刚才是在冥想吗?""你用的笔盒很可爱,上面有粉红色的蕾丝,是吗?"

参与者太多了,所以他们会认为我不会一一去看,我却仔细地观察着他们每一个人。

极度怯场者也能停止颤抖

在研讨会上，当进行关于消除紧张情绪的演讲时，我会让一位与会者站出来。我提出"感觉自己经常紧张的人请举手"，话音刚落，很多人都举起了手。这时，我会特意挑选一位在大家眼中极其容易紧张的人，请这位观众站出来。

被选中的人手持麦克风发言。我会引导这位观众先做自我介绍，分享一些有趣的事。

这些人在众多听众面前发言大多容易紧张，每当这时，我都能看到他们拿着麦克风的手在微微颤抖，眼神慌乱、飘忽不定，脸涨得通红，整个人局促不安。不仅上台发言时如此，哪怕突然被要求介绍自己，或是讲一个有趣的故事，他们往往也难以出色完成。

可想而知，当所有人的目光，同时聚焦到被我叫上台的人身上时，他们内心的紧张感会攀升到顶点。然而，在我跟他们进行下面这番对话后，他们原本颤抖的手，很快就稳定了下来。

"请你看一看坐在那边，披着粉色披肩的女士。她是不是很漂亮？"

"是啊……"

"而且，还很时尚呢。"

"是的……"

"你觉得哪里时尚呢？"

"粉色围巾搭配得很好……"

"夹克的版型也很时尚。"

"是的，我也觉得很时尚。"

"她是从哪里来的？你觉得她是哪里人呢？"

"嗯……"

"东京吗？她应该是大都市来的吧？不像是关西风格吧？可能是东京、神奈川，或者是横滨吧？你觉得是哪里呢？"

"应该是东京吧？"

"一定是东京。顺便问一下，你觉得她大概多大年纪呢？"

"嗯……"

"在这种情况下，你得把心里想的年龄减去3岁再说哦！"

"好的。"

"不过，她看起来很年轻，但实际上可能年龄并不小。"

一番对话过后，他们拿着麦克风的手就会停止颤抖。之所以停止，是因为他们已经从"被观察者"变成了"观察者"。

在我的引导下，被我请上台的观众会展开思考，"这位女士是从哪里来的呢？""她多大了呢？""我希望她不会因为我们的无礼而生气",之后便会开始关注台下的那位女士。

这便是从"被观察者"到"观察者"的转变。角色转变后,手的颤抖就停止了。当我说:"你看,当你在观察别人的时候,你的手就不会抖了"时,一些人会惊讶地发现自己的手不抖了,甚至感激地说:"这是我有生以来第一次在公共场合发言时能停止颤抖!"

站在"观察者"角度,消除紧张感

为了消除紧张,你可以做一个"观察者",仅此而已!我自己曾为怯场而苦恼,也做过很多研究和练习,所以我可以自信地说,这是摆脱紧张的最佳方法。

你会观察他人和周围的环境吗?你是否只会意识到自己正在被观察呢?如果能站在"观察者"的角度,你就永远不会紧张。

所以,在容易紧张的场合,要尽可能比别人早到那个地方。比如,在会议场合容易紧张,那就第一个走进会议室。之后,当每个人进来时,热情地打招呼说:"感谢您的辛勤工作!"并观察他们从进门到坐下这段时间内的举动。会议开始后也可以一直观察。

做销售也是一样。在一些销售类书籍中,也常常会写到"提前等待更容易掌握主动权"等,这是因为这样就能成为"观察者"。

当你和别人约好见面，自己迟到，又或是准时到达，却发现对方早已先到，这时你会不会感到紧张？不少人在这种情况下，递名片时手会不受控制地发抖，甚至递交文件时，手部也会出现同样状况。这是因为你觉得对方正在观察你。所以，约定会面不要准时到，最好提前20分钟到达。

到了地方后，首先环顾四周，等待对方的到来。当看到对方到来时，你可以主动微笑并点头致意。这样做的话，紧张感就会减轻，即使是容易紧张的人也会感到大为缓解。

破解隐形目光带来的压力

刚开始举办研讨会时，我紧张得不行。为了克服这种情绪，在研讨会开始前的休息时间，我就提前站到讲台上，一边做准备，一边观察陆续入场、就座的参会者，让自己慢慢放松下来。

这样一来，由于我成为"观察者"，紧张感便逐渐得到了缓解。

然而，在大型演讲会等场合，由于主办方的安排，往往无法如此行事。我通常会被临时告知："主持人将介绍您的情况，之后请您上台。"从主办方的角度来看，这样的安排更能调动现场气氛。

我以前很不擅长以这种方式出现。在观众的掌声中登台演讲是一种很棒的体验，但当站上讲台的那一刻，所有的目光都同时聚焦在自己身上，我就会开始感到紧张。**作为一名演讲者，我羞于启齿，但我的手曾经的确抖得厉害，连水都喝不下去。**

可现在不同了。开始前可能会有点紧张，但出现在大家面前，让所有人的目光同时聚焦在我身上，也没什么大不了的。当主持人介绍说："现在让我们欢迎森下裕道先生。女士们，先生们，请以热烈的掌声欢迎。"时，我会说："大家好！我是森下裕道。非常感谢大家的热烈掌声。（短暂的沉默，其间我看着与会者，头慢慢地左右移动）你们看起来心情都不错。但大约有8个人例外。"

沉默并不奇怪。看到台上沉默的我，参与者会想：原来他会仔细观察我们每一个人。所以即使沉默，只要观察会场，紧张感就会缓解。

有些人因为人多会感到害怕，所以不太去看听众。**但越是避免去观察，紧张感反而越会加剧**，有些书中也会提到这样的内容，看来这确实是个问题。我过去也曾有过这样的经历，一开始讲话时不太观察会场和听众，结果紧张感一直未能缓解，就这样开始了演讲。

我们应该避免不看听众这种情况。正是因为去观察，紧张感才会得以缓解。即使出现错误，如果低头沉默（比如查看发言大纲），反而会让我们更强烈地感受到他人的目光，从而变得更加紧张。

请好好想一想你不紧张的时候。那难道不是在观察听众的时候吗？如果我们总是不看听众的话，会不会感觉有谁在盯着自己呢？

如果不看听众，就会在意那些看不见的目光。在这样的时候，人就会感到紧张。在地铁上，即使只有自己一个人，只要觉得被别人看着，也会感到有点紧张。没有什么比看不见的目光更令人害怕的了。所以，一定要好好地观察听众。

我们可以去观察自己喜欢的类型，或者从一开始就可以去寻找那些带着微笑、对你友好的人。

重要的是，不要总是觉得自己是被观察的一方，而是要做观察的一方。这样一来，紧张感就会逐渐缓解。

小贴士

千万别低头，或是不看着对方说话。只要你将注意力集中在对方身上，手脚的颤抖通常都会迅速停止。

百人场合如何不怯场？聚焦对方需求，而非自我焦虑

接下来这番话，可能会刺痛一些人，甚至让人感到不快。但不得不说，在人前容易紧张、怯场的人，都有一个共性。

容易紧张的人有一个共性是只考虑自己。 很抱歉，如果你说自己容易怯场，那么你只考虑了自己。

假设需要在众人面前进行演讲。你会想什么呢？

在人前容易感到紧张的人，他们的脑海中……

如果需要在众人面前演讲，可能会想：

- ☐ 担心自己会紧张
- ☐ 能不能讲得好
- ☐ 要是手脚发抖就太糟糕了
- ☐ 要是脸红了，该怎么办呢
- ☐ 不想被人嘲笑
- ☐ 虽然对内容没有信心，但应该没问题吧
- ☐ 希望不要问奇怪的问题
- ☐ 希望被别人认为是一个聪明的人
- ☐ 希望别人觉得自己很厉害

这不都是在考虑自己的事情吗？ 是的，你并没有考虑听众的感受，只是在一门心思地想自己的事情。其实，我以前也是这样，所以我完全能够理解。

但我还是要说，演讲者应多为听众着想，而不是只考虑自己！

"听众是否容易理解呢？"

"我希望听众明白我在说什么。"

"如何以对方感兴趣的方式与之交谈呢？"

"我非常感谢你在百忙之中愿意倾听我的心声。"

"最近，很多人因销售不佳而情绪低落，我要让他们振作起来！"

如果能站在上面这样的立场，自然而然地就会观察对方（听自己说话的人）。**人会紧张是因为有一种"自我视角"，在这种视角下，满脑子想的都是自己。**

你说话时会采用哪一种视角？

➢ 总是只考虑自己的"自我视角"

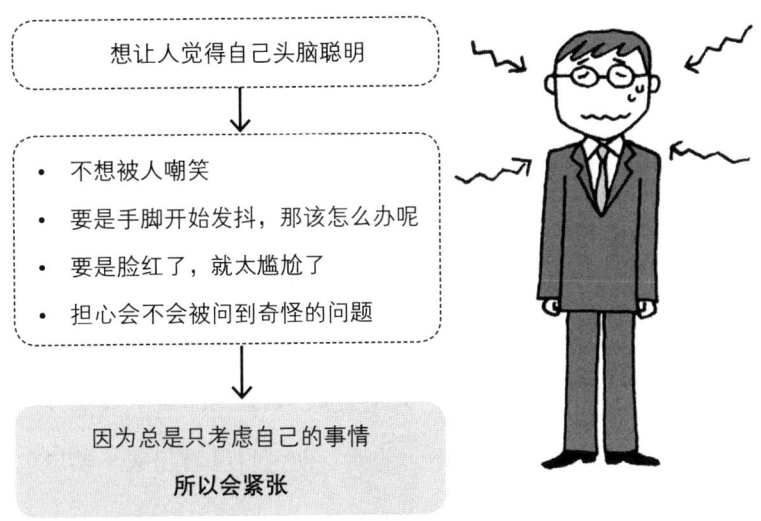

想让人觉得自己头脑聪明

- 不想被人嘲笑
- 要是手脚开始发抖,那该怎么办呢
- 要是脸红了,就太尴尬了
- 担心会不会被问到奇怪的问题

因为总是只考虑自己的事情
所以会紧张

➢ 总是关注他人的"对方视角"

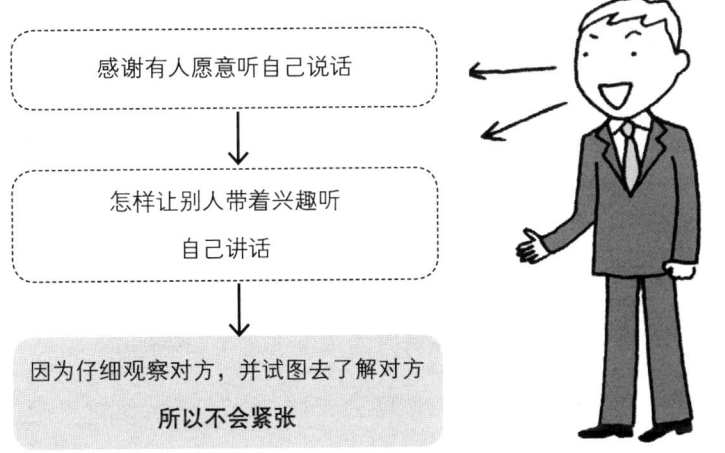

感谢有人愿意听自己说话

怎样让别人带着兴趣听自己讲话

因为仔细观察对方,并试图去了解对方
所以不会紧张

如果你能够站在"对方视角"去关注对方的心情，自然就会观察对方，也就不会感到紧张了。

常常感到紧张的人，请更多地关注对方和周围的环境，更加仔细地关注和关心对方。这就是所谓的站在"观察者"的立场！

● 应用注意力转移法，消除紧张感

许多人在晨会上轮到自己发言时，都会感到紧张。其中有些人甚至可能在几天前就开始失眠或肚子不舒服。

我过去也是如此，所以非常理解那种紧张的感觉。其实在晨会上并不需要说什么特别了不起的话，即使自己看起来不够出色也没关系，也没有必要刻意去讨好上司。这些都不是最重要的。

最重要的是，你所说的话能够对眼前听你讲话的人提供一些有用的信息，或者能稍微提升他们的积极性，甚至只是让他们感到一点点快乐，这就足够了。或者，你也可以表达对平时帮助过你的人的感激之情。

也就是说，你是否显得出色并不重要，**关键是你所说的话能给对方带来多少积极的影响，能让他们在接下来的工作中感到多少快乐，重要的是，你要站在对方的角度去思考和表达。**

站在"对方视角"时，自然就会成为"观察者"。这样一来，紧张感就会消失，即使有紧张感也会明显缓解。

话虽如此，但有些人内心还是希望周围的人觉得自己很能干。但是，我可以自信地断言，**如果你能专注于对方的心情去交谈，即使不去刻意表现，也会自然而然地被视为有能力的人。**而且，还会赢得他人的信任。

请考虑一下：在公司或者你的人生中，有没有让你尊敬的人？他们是什么样的人呢？是对你有好感或者倾心于你的人吗？或者是那些对你很关心的人吗？

90%的怯场者都忽略眼前人

如果我们能专注于眼前的人，就不会紧张。我知道这听起来很老套，但我还是要强调，正是因为只想着自己，所以人才会紧张。

有些人和女朋友去西餐厅约会时，会因为不会正确使用刀叉而紧张。在这种情况下，要多看一看自己对面的人，将自己的情感转向对方。

"不知道她是不是也很紧张？如果她很紧张，我可以给她讲一个有趣的故事，让她稍微放松一下。我很高兴她能和如此紧张的我在一起。"我希望你能通过这种方式去观察自己眼前的这个人。

一位经营咨询公司的人，同时也是研讨会演讲者，他说："只考虑自己时，我将很难去观察他人。但是，当忘记自己，开始考虑其他参与者时，我可以清楚地看到他们每个人的面孔。"

这是千真万确的！这就像是汽车挡风玻璃上的雨刷器。**如果很紧张，我们就只能看到雨刷移动的部分**。因为已经起雾了，所以除了雨刷部分，我们什么都看不见。不过，如果我们不紧张，整个挡风玻璃自然会在不知不觉中映入眼帘。

在我的研讨会上，我会给学员提供在众人面前演讲的机会。如果不计时，有些人就会一直说个不停，所以我必须计时，并在会场后方的显著位置举一块牌子，写明他们还剩 1 分钟或 2 分钟。

有趣的是，紧张的人可能根本看不到倒计时牌。当然，紧张感消除后，人的"视力"会变好。

我希望每一个人都能拓展思维，仔细观察眼前的人。你可能认为这很容易，事实也的确如此。

别担心，在下一章我会以自己的实践经验为依据，告诉大家如何把注意力集中在他人身上，让自己成为真正的"观察者"。

小贴士

因为只顾着想自己的事，所以才会紧张得说不好话。

如果把心思放在对方身上，就能不紧张且自信地说话了。

第 2 章

七大训练法：
让你告别紧张，尽显从容

训练1　精准赞美法：从细节入手

你应该已经明白了，要克服紧张，就要多观察对方。然而，不得不说，每当我们站在人前、在会议中发言、站在喜欢或尊敬的人面前时，那种"被观察"的意识总是不由自主地涌现出来。一开始不习惯的时候，我也是这样。

曾经，我接受过某杂志的采访，采访地点是在我家公寓的大厅。我明白如果站在"观察者"的角度就不会紧张，而且因为是让对方来自己的地盘，所以我也认为不应该会感到紧张。

然而，这一切都被彻底粉碎了。在采访当天，我一走进大厅，就看到大厅里有很多女性，结果我不由得紧张了起来。

之前我一直和男性负责人联系，本以为即使有其他人来，大概也就一两个人，结果这次除了负责人之外，还有五六位女性在场。

在交换名片的时候，我一下子被一群女性围绕，瞬间变成了"被观察者"。我的手会抖动，紧张再次困扰着我，后来的采访也不尽如人意。我非常懊悔和自责，当晚也未能入睡。

无论如何在脑海中强调观察对方就不会紧张，我仍然未能做到。我需要彻底训练自己，这样才能掌握这项技能。

无论多么了解如何驾驶汽车，如果不真正上车练习驾驶，就永远无法在公共道路上很好地开车。

这些事情其实都是显而易见的，但很多人只是通过读书在头脑中理解了这些道理，还没有真正融入自己的行动中，稍微尝试了一下便说"我做不好！"那当然做不好了。这和开车是一样的道理。所以，为了养成从"观察者"角度看待问题的习惯，希望大家能尝试我接下来要介绍的训练方法。

为了让自己站在"观察者"的角度，必须养成观察的习惯。**用文字来表达的话，不是"看"，而是"观"。**

经常有一些人，察觉不到别人发型的变化。这让我很惊讶，因为他们只是"看"到了，而根本没有观察。

如果进行观察训练，最初虽然需要有意识地去做，但慢慢就会养成习惯，即使不刻意去想，也能自然而然地观察。

开车的时候，一开始都会很小心谨慎，有意识地去注意每一个操作。但是，随着时间的推移，当逐渐习惯之后，即使不用刻意去想，也能很自然地驾驶。也就是说，**有意识的行为会逐渐变成无意识的习惯**。希望你能切实体会到这种感觉。

努力发现别人的优点，拉近彼此的距离

我一直以来都认为这是非常重要的事情，并且在很久以前就开始在各种书籍和讲座中不断传达这一点，那便是：**希望你能够养成一种习惯，即在与对方见面时，去发现对方的优点，以及那些值得称赞且能让对方感到高兴的方面。**

如果能做到这一点，不仅会养成观察的习惯，而且你的人际关系也会变得非常好！人们常说，人际关系就像一面镜子。如果你喜欢对方，对方也会喜欢你，如果你觉得对方是个讨厌的人，对方也会觉得你是个讨厌的人。

所以，当你发现对方的优点时，你就会对对方产生好感。这样，这种好感就会传递给对方，对方也会开始喜欢你。

可能有人会觉得这种传递是看不见的，所以不太容易理解，但实际上，这种感觉会通过潜意识传递给对方。

比如，面对一位穿着得体、笑容可掬、说话内容也很得体的销售人员，你却有"不知为什么，我不相信这个人"的感觉。虽然无法用言语具体说明，但总觉得有点不可信。这是因为潜意识中感知到了"某种东西"。这和通过潜意识传递是一样的意思。

用对方的"价值点"激活好感度

每个人都有优点,那些看起来不修边幅的人,也不例外。请从"外在"和"内在"两个方面去发现他人的优点。

例如,从外貌方面去寻找自己觉得他人比较好的地方。

"看起来很温柔的微笑……"

"眼神很有神采。眼神有神的人,工作能力好像都很强呢!"

"虽然他看起来很凶,却系着一条粉色的领带,还挺可爱的。"

"手指很纤细,真是漂亮。而且她的指甲也很可爱。"

"一看就是精英范儿,真帅气啊!"

"好时尚啊。领带的颜色、衬衫的条纹颜色和口袋巾的颜色搭配得很协调呢!"

我们也可以想象一下对方的内在品质。

"他一定是个很温柔的人吧。"

"他虽然看起来很凶,但说不定像我们上司一样,对家人很温柔。"

"虽然看起来很难相处,但其实这样的人内心往往很温暖。在下属遇到困难的时候,他会给予很大的帮助……"

"他有点像我们公司的冈部先生。冈部先生是个特别好的人。这个人应该也是这样吧?"

总之,随便什么都好。凭借你的想象就好。**重点不在于你所认为的那个人的优点是否真的准确。**

最重要的是,你要表现出对对方的兴趣。当你与他人相遇时,若心中抱持着寻找对方优点的态度,自然就会更加关注对方。神奇的是,你会真正开始认可对方的长处,并对对方产生兴趣。如此一来,那些难以相处的人似乎也就逐渐消失了。

人际关系如同镜中之影。如果你觉得难以应对,对方也会同样感到棘手。即便出现在你面前的是不擅长应对的人,只要你心里想着去寻找他们的优点,这些优点就会逐渐显现,原本那种难以应对的感觉也会随之烟消云散。

我觉得这是当今社会的一个特征:人们仿佛养成了只看他人缺点的习惯,甚至把能发现并指出他人的缺点与不足,错当成聪明的表现。在这种环境下,要是你能看到对方的优点,人们往往会对这样的你抱有好感,继而与你建立起深厚的信任。

这不仅适用于初次见面的人,即便是常见面的人,也请养成在每次相遇时寻找他们优点的习惯。如此一来,即便是对方细微的变化也能立刻察觉到。

寻找对方的细微变化

➢ 好的变化，则多去表扬对方

- "发型变了"→"发型变啦，变得更漂亮了！"
- "妆容变了"→"你越来越靓丽了！"
- "脸色很好"→"是不是有什么好事发生呢？一看就觉得很幸福！"
- "开始佩戴手表了"→"哎呀！这手表真不错呢！"
- "越来越成熟了"→"感觉你越来越像个能干的职场人了。"

➢ 不好的变化，则多关心一下对方

比如，看到对方脸色不太好，则可用以下三种方式。

- 一起去喝一杯，听一听对方的烦恼。
- （如果站在上司的立场）可以试着问一问"工作上有没有遇到什么困难？"
- 热情开朗地与对方相处（通过你的方式让对方振作起来）。

身边的人有好的变化，就给予表扬；有不好的变化，就多给予关心。只要你多留意身边的人，就更容易察觉到这些变化。

在还不习惯的时候，不要想得太复杂，可以像玩游戏一样，比如想着"寻找优点"或者"寻找对方值得称赞的点"等，带着这种游戏的心态去探索，会比较好。

当这种习惯养成后，无论和谁见面，与其总想着自己被人观察着，不如更多地去观察对方。

> **小贴士**
>
> 寻找对方的优点，意味着对对方产生兴趣并予以关注。
>
> 如果自己对对方产生兴趣，就能自然而然地与对方亲近起来。

训练2　环境扫描法：观察空间与人群

比如，你走进了一个会议室。其实最理想的情况是第一个进去找个座位坐下，但有时候可能做不到。

如果后进去的话，首先观察一下这是一个什么样的房间，大概有多大，现在有多少人在里面。如果人数很多，大致预估一下就行。

之所以要这样做，是因为我们进入某个地方时，有时会被当前环境所压倒。也就是说，我们会被现场的气氛所左右。

比如，你去参加求职考试。如果在候考室里，全是看起来很厉害的人，你是不是会感到局促紧张呢？为了避免这种情况，我希望你能把注意力分散到四周。

当一个人紧张的时候，往往只能看到自己眼前的事物，会变得只在意别人对自己的看法，内心也会变得狭隘。无论是从拓宽视野的角度，还是从开阔心胸的角度，都请试着去关注整个房间。

试着去留意一下这是一个什么样的房间？有多少人？数一下人数，之后就算忘掉这些也没关系。因为房间是什么样的，有多少人，这些都不重要。重要的是将注意力放在整个房间上。

比如，坐地铁的时候也可以数一下，有多少人进入车厢？车厢内是什么样的？进入餐厅或快餐店的时候也可以去观察。

可以肯定的是，**当你紧张的时候，你的心胸会变得狭隘**。而且，在大多数情况下，这是因为你会被周围的环境或氛围所左右。

所以，我希望你在心胸变得狭隘之前，通过观察房间的情况和人数，让自己的内心变得开阔一些。

● 拓宽心的边界可以缓解紧张

对了，你知道你的"心"在哪里吗？你可能会说："我知道！我的心就在我的胸腔里。"但事实并不是这样的。

有些人之所以很容易紧张，就是因为他们简单地认为自己的心在胸腔里。毋庸置疑，心一定是在胸腔里，难不成心还会出现在大脑里吗？

有人曾自信地说："心当然是在大脑中了！"这让我感到非常惊讶。这等同于说"人是机器"！显然，这两者是有区别的。

那么，"心"在哪里呢？事实上，我们被"心"包裹着。我的意思是，我们认为"心"在身体里，但事实上"心"比我们的身体大得多。这里，人的心并不是指一个具体的物理实体，而是指意识、思维和心理状态。换句话说，**不是身中有心，而是心中有身**。

当我第一次听到这个说法时，我也很惊讶。我觉得这更像是一个比喻，意思是：我们做人一定要有一颗宽广的心！

开阔心胸的训练

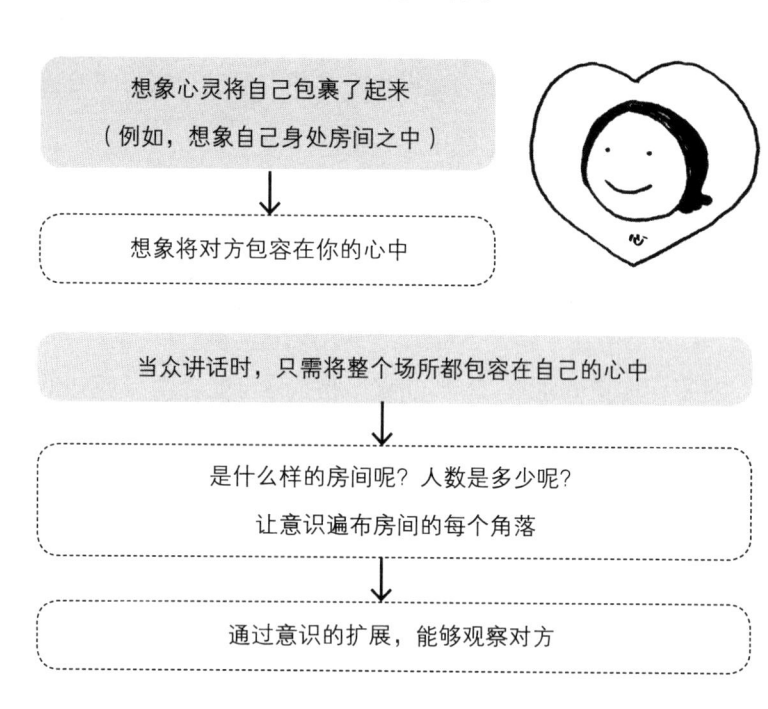

想象心灵将自己包裹了起来
（例如，想象自己身处房间之中）

↓

想象将对方包容在你的心中

当众讲话时，只需将整个场所都包容在自己的心中

↓

是什么样的房间呢？人数是多少呢？
让意识遍布房间的每个角落

↓

通过意识的扩展，能够观察对方

我们的"心"真的包裹着我们的身体，如果你经常研究心理学，你可能会想怎么现在才提出这个观点，而第一次听到这个说法的人可能不太清楚它的真正含义。你现在可以暂时把它当作一个比喻，请试着展开想象。

假设你的身体在你的心中。如果无法很好地想象，可以试着想象自己在房间里，整个房间就是你的心。

在这样的状态下，当你遇到某人时，他也会在你的心中（在你的房间里），这样能有效避免紧张。

● 从观察环境到掌控全场的意识训练

当在公共场合发言时，你可以把整个发言厅都包裹在自己的心中。如此一来，心灵的空间就可以扩大很多。

你可以想象一下，当一个人变身为奥特曼时，他的一只手臂会伸展开来（变大），同时做出高高举起的姿势。有些人可能会说这个比喻太老套了，但事实就是这样。

要拓展心灵空间，你需要让自己的意识达到相应的广度。要做到这一点，就需要"观察"发言厅的每一个角落。

首先要观察发言厅的四个角，之后是天花板，接着是所有墙壁、书桌……以此类推，就像拼图一样，从边缘到里面，再从里面到边缘，仔细观察。

当认为自己的身体将心包裹在内时,意识只能停留在自己身上。在这种情况下,人只能看到自己。但是如果扩展了心灵空间,意识也会随之扩展。这样我们就能看到整个发言厅里的人了。(与其说是看到,用"感受"这样的词似乎更为恰当。)

我之前说过,进入发言厅后,首先要观察发言厅的环境、数一数发言厅里有多少人。这也是一种拓展心灵空间的训练,能让你的意识触及整个发言厅。

一开始,即使努力了,可能也不容易做到。无论任何人,只有提高认识才能做到这一点。那就开始练习吧。在地铁上、会议中、餐厅里,即使不在公共场合发言,也要尽量扩大心灵空间。正如我多次说过的那样,要想扩大心灵空间,需要大量的练习。

要想扩大心灵空间,只做一两次是学不会的。但只要经常训练,任何人都能掌握这项技巧。

小贴士

只要拓宽视野,心胸就会变得开阔。

心胸开阔后,就不会被周遭的氛围所左右。

训练3　眼神互动法：巧用眼神交流，提升说服力

眼神交流是沟通中极为关键的一环，尽管这个道理人尽皆知，但真正实践起来，并非易事。不少人在与他人目光交汇时，会不自觉地产生紧张、恐惧的情绪。

如果你是销售或客户服务人员，**不能看着客户的眼睛与他们交谈，这无疑是致命的。**客户会认为你缺乏自信，永远不会信任你。

如果你去买衣服，店员对你说："这件衣服很适合你！"却把目光移开或不与你进行眼神交流，那么你就不太可能相信他说的话。

但是，如果有人直视对方的眼睛并向其推荐，人们就会选择相信。这是因为人们从对方的眼神中感受到了坚定不移的自信。

与人交谈时，要看着对方的眼睛，清晰地说话。这一点对于让你的语言更有说服力也非常重要。

无论是在公共场合发言、向喜欢的人表白、向下属下达指示、向老板提出项目建议、在会议上发言，还是对朋友说一些鼓励或加油的话，都是如此。与人交谈一定要注视对方的眼睛。

书上常说，"与人交谈时要看着对方的眉毛"或"看着对方

的鼻梁",但这难免会让对方觉得说话人的视线并未聚焦于自己,感受不到真诚。

有些书上说,"与人交谈时,要目光接触两三秒后移开",但如果在这两三秒的时间里感到不自信,那么就会产生相反的效果。

为了消除紧张感,必须坚定地站在"观察者"的角度。

● 借对方的眨眼频率调整对视时长

那么,如何才能看着对方的眼睛说话呢?**与其有意识地与对方进行眼神交流,不如有意识地观察对方的眼神。**

因为试图看透对方的"心思",所以我们会考虑对方如何看待自己,这难免会让人紧张。如果能像嘴巴或鼻子一样把眼睛看作身体的一个"零件",就能很自然地进行观察。最简单的方法就是:**观察眼睛的眨动。**

有趣的是,人的左右眼眨动的方式不同。其中一侧反应比较迟钝,或有一点拉扯感。有时,两只眼中较迟钝的一侧是对方的"弱点",通过观察,你一定会发现这一点。

换句话说,就是要把眨眼作为身体的一部分来观察。这样,你就能以惊人的清晰度直视对方的眼睛。

也许你会想,"如果我在说话时观察对方是如何眨眼的,我就无法集中精力说话了"。但事实并非如此。人们在交谈时脑子里会想很多事情。像你在和朋友聊天时,脑子里也有可能突然想到无关画面。

不过,请不要在说话时一直观察。想到有人一直在看着自己的眼睛,任何人都会感到害怕。因此,请尝试时不时地转换一下视线,做到适度观察,例如观察两三秒就转换一下视线。

小贴士

一个畏畏缩缩、眼神游离的人说的话,没有人会相信。用眼神交流,能够提升说服力。

训练4 读心洞察法:透过眼神变化读懂对方真实想法

一旦你能将眼睛作为身体的一个部分进行观察,继眨眼之后,下一步就是要尝试观察对方的视线变化。当你开始观察视线变化时,你就会知道对方在想什么。

首先,我想请你思考这样一个问题:最近发生的让你头疼的事情是什么?请尽量实事求是地去回忆,比如一想到某件事就按捺不住恼火。

你可能遇到过很多"让自己头疼的事情",比如"自己做不到某事""某人只为自己着想""领导安排工作极其不讲理""某人是说一套做一套""某人经常抱怨和唠叨""某人不守承诺"等。

思考这个问题是很有意义的,所以请好好思考。**现在,你可能正在思考让自己感到生气的事情,请确认一下你此时目光的方向。**

你的眼睛是朝向哪个方向的?请把答案写在纸上。如果是左下方,就写"左下"。那么,现在换一种心情,想一想最近发生的有趣的事情或者让自己感到高兴的事情。

请尽量真实地回忆一下"受到他人称赞""能向自己爱的人倾诉""工作顺利""和恋人的一次有趣约会""孩子的奇怪动作

让自己捧腹大笑""与久未谋面的朋友喝一杯"等开心的事。

现在,你可能正在思考那些有趣的事,就像刚才一样,请确认一下此时自己目光的方向。

你的眼睛是朝向哪个方向的?请把目光的方向写在那张纸上。你可能已经注意到目光方向的不同了吧。**其实,思考积极事件和消极事件时,目光的方向是不同的。**

例如,思考积极事件时,目光可能朝向"右上",而思考消极事件时,目光可能朝向"左下"。当然,具体是哪个方向因人而异。

然而,**对于每个人来说,思考积极事件和消极事件时,目光往往会在特定的位置。**

比如,保持刚才回忆有趣的事时的目光方向,再去回想刚才让你生气的事。虽然你可能能够回忆起让自己生气的事,但奇怪的是,那种愤怒或烦躁的情绪可能并不会出现。

虽然事实能够被回忆起来,但由于目光的方向不同,真实的情绪并不会伴随出现。我想说的是,记忆的存放位置因人而异。所以,思考有趣的事和让自己生气的事时,目光的位置会发生变化。

● 从目光移动中读懂对方的想法

今后,当你与他人交谈时,请留意对方的目光移动。**在观察对方目光移动的同时,将其与谈话内容关联起来。**

当谈论上司或公司的坏话等负面话题时，他的目光往往会向右下方移动。

当谈论自己非常喜爱的电影等积极话题时，他的目光往往会向左上方移动。

因此，即使对方保持沉默，你也能辨别出他们此刻是在思考愉快的事情，还是沉浸在消极的思绪中。

通过视线的移动就能明白对方的心情

此外，随着经验的积累，你将能够通过目光的移动察觉到某些特定的倾向。例如，"当谈起恋人时，目光总是偏向右侧""当以夸张的方式谈论自己时，目光往往向上移动""当为某件事找

借口时，眼睛是向下看的"等。**通过目光的移动，你可以逐渐了解对方的特点和所思所想。**

人们通常不会自觉意识到自己的目光移动，但通过观察，你会发现这是多么有趣且易于解读的现象。

所以，希望大家一定要试一试。也许有人会觉得，别人的目光移动，根本不可能看得那么清楚。

其实，我一开始也是这么想的。但是，当我开始留意目光的移动之后，发现目光的移动竟然异常清晰，所以连自己都被吓了一跳。

如果你也去尝试一下，就会明白。

小贴士

在想负面的事情时，要试着把视线转向积极的方向。这样一来，烦躁的情绪也许就会逐渐消失。

训练5　偏好剖析法：摸清对方的需求和习惯

我们不仅要观察视线的移动，还要试着将观察延伸至人性维度。聚餐等场合很适合作为观察的场所。

公司聚餐、赏花会、新年会、上司邀请的聚餐、线上聚餐等，老实说，我想应该有人不太喜欢参加这类聚会吧。我以前在公司上班的时候，也不太喜欢。

然而，后来我就不再讨厌了。这是因为，**我意识到这种场合是观察人性的绝佳训练场所。**

在酒桌上观察人是一件相当有趣的事情。

"喝了酒之后性格会改变的人。"

"在关键时刻只会对上司阿谀奉承的人。"

"异常在意别人杯中酒减少的人。"

"时不时偷偷关心心仪同事的人。"

"无聊地听着别人讲话的人。"

"只会抱怨公司的人。"

"突然变得好斗的人。"

"表面上看似在说真心话，实际上却不断偷看

上司脸色的人。"

"一喝醉就反复讲同一件事的人。"

"只吹嘘自己工作成就的人。"

"刻意表现出自己比任何人都关心公司的人。"

"在简单的举杯致辞或讲结束语时异常紧张的人。"

通过仔细观察，我们可以发现职场同事平时不为人知的一面。也许我们还可以关注以下这些方面。

"正在交谈的人们喝酒的节奏是否同步呢？"

"虽然嘴上说着尊敬上司和前辈，但有没有粗暴地对待上司或前辈的外套、包包之类的东西呢？"

"虽然看起来在听别人讲话，但其实是不是只在想着自己接下来要说什么呢？"

"这些表现是在什么情况下被察觉到的呢？"

"有些人喝酒后性格会改变，这是为什么呢？"

● 听懂抱怨背后的真实诉求

听别人的抱怨是一件很令人讨厌的事情。然而，**抱怨的人往往会在抱怨中蕴含着个人的愿望，以及希望别人理解自己的心情**。

如果你能理解对方的心情，或者把对方抱怨的内容往积极的方向转变并给予表扬，对方肯定会很高兴。

假设有人抱怨说："我们公司的高层都是白痴！"（啊，顺便说一下，无论去哪家公司，大家都会说这种话。）

这句话背后可能隐藏着下面的想法。

"为什么不采纳我的意见（规划）！"
"为什么大家不重视我（不给我升职）！"
"你怎么就不理解我呢？"

所以，可以像下面这样表扬对方。

"你真的很为公司着想。我希望你早日成为经理！"

在表扬别人的时候，也是同样的道理。

通过观察一个人在表扬别人时关注了哪些方面，就能了解这个人的价值观。

注重时尚的人会去赞美别人的时尚感，而觉得自己头脑聪明的人，可能会说"你思维真敏捷"这样的话来表扬别人。对于这样的人，如果你说："真的，你的思维真敏捷！"或者"你什么都知道！你怎么这么聪明？"等，他们会很高兴。

归根结底，人们是根据自己的价值观去表扬别人的。记住这一点，在下次表扬别人的时候就可以用上了。

> **小贴士**
>
> 即使想不到特别能让人兴奋的话题，只要抓住对方想说的内容和希望被理解的地方，就足够了。

训练6　微表情捕捉法：观察脸色变化和细微动作

我们可以故意讲一些让对方高兴的话，或者稍微让人有些烦躁的话，同时观察对方的一些细微变化。

请观察一下对方的脸色变化，眉毛、鼻子、嘴巴、耳朵、手的动作，以及上半身的晃动等。

"试着说一些能让对方高兴的事情。"

"试着称赞一些会让对方害羞的事情。"

"试着让对方讲一些能让其感到愉快的回忆。"

"试着讲一些会让对方感到尴尬的失败经历或错误。"

"试着让对方讲一些可能会让其感到生气或烦躁的事情。"

当然，如果突然谈论上面这些话题，我们可能会被警告说"你在试探我吗？"对方也可能会因此而生气。所以我们可以根据实际情况改变话题，也可以在不同的场合谈论，比如喝酒时、工作休息时、一起旅行时、对方放松时等。

围绕某一话题展开交谈后，请参照以下内容观察对方，我们会惊讶于人的微表情和肢体语言的显著变化。

注意说话时的微表情和肢体动作

视线的变化

视线朝向哪里，比如左右、上下等

脸色的变化

变成红色、粉色或者灰色

眉毛的变化

眉毛微微往上挑或者往下耷拉

鼻子的变化

鼻孔的张开程度、呼吸的样子以及鼻尖颜色的变化

耳朵的变化

颜色的变化、微微地动了一下，或者变得僵硬

嘴巴的变化

上唇和下唇的细微动作、颤抖、干燥以及舔舐的方式

手的动作

触摸鼻子、下巴、耳垂、头发，或者交叉双臂，手的张开程度

说话时上半身的晃动

横向晃动、纵向晃动、向后仰或者向前倾

说谎时，用左手挠一挠鼻头，或瞬间触摸耳垂。

夸大其词时，鼻孔会扩大一些。

因过去的成功而受到表扬时，脸颊会微微泛红。

紧张时，右耳尖会发红。

思念恋人或与恋人交谈时，鼻尖会发红。

通过观察，**我们能够意识到，人其实是很简单的**。记住这一点，我们就知道对方现在在想什么了。

看破不说破的智慧

请注意，这是一个观察训练。比如上文提到的对视线移动的观察，有些人会在捕捉到对方的微表情后，直接说出来，例如，会说"你刚刚骗了我！我完全明白你的意思，因为你撒谎时有一个非常明显的特征。""刚才，你肯定想到了你的老板，并感到沮丧。"之类的话。其实，即使察觉到了这些，也不要说出来。

如果有人读懂了你的心思，你会感到高兴吗？大概不会感到高兴吧？所以，把这些藏在心里就好。即使告诉了别人，也只会让对方感到不悦而已。因为任何人都不喜欢自己的心思被别人看穿。

如果明白了对方在想什么，也不要说出来，而是要去包容对方。

另外，还有这样的人，一边听对方讲话，一边露出好像在说

"我可看透你了哦！"的眼神。比如，要么抬眼往上看人，要么把眼镜稍稍挪开些，从眼镜上方看人……这样的举动也不会让人感到愉快。

偶尔会有一些能力一般但自以为是的人，他们在向别人提问时，会用一种像是在看透对方心思的眼神。确实，他们可能看起来像是有能力的人。然而，这样反而会难以让对方打开心扉，最终只会让人反感。

如果要看向对方，就用一种包容对方的眼神去看待。那么，什么是包容对方的眼神呢？就是怀着一种想要理解对方、想要体谅对方的心情去看对方的眼神。**情感会通过眼神表现出来。**

如果你认真进行观察训练，就能站在"观察者"的角度，从而更好地了解对方。你也应该能够看到对方的弱点。然而，我们不应该因此去嘲笑或贬低对方，而是要理解并体谅对方的这些弱点。

即使你心里想，"哦，你刚才骗了我！"或者"他为什么要拼命让自己看起来很高大？"也没有必要去嘲笑他，希望你能理解他软弱的一面。

能够理解对方弱点的人，才是真正强大的人。

> **小贴士**
>
> 如果仔细观察他人，会从微表情和肢体动作中捕捉对方的习惯和个性。
>
> 激发出对方的喜怒哀乐，抓住他们的这些习惯和特点。

训练7 舒适区突破法：挑战自我，告别老样子

向别人问路是一种很好的训练。我也做过无数次这样的事情。无论是知道的路还是不知道的路，都可以。总之要多问，并且养成观察对方的习惯。特别是对于那些不擅长和陌生人打交道、不擅长主动和别人说话的人，这是一种很好的训练。

"不好意思，请问去六本木新城该怎么走？"

"不好意思，我想去大栈桥，您知道该怎么走吗？"

"不好意思，从这里去新丸之内大厦，该怎么走比较好呢？"

首先，你可以从那些感觉比较容易搭话的人开始。如果是看起来很亲切的人，是不是更容易开口问呢？

如果实在觉得不好意思，就从那些可以用"是"或"否"回答的问题开始问起。

"不好意思，请问JR（Japan Railways，日本铁路）四谷站是在那个方向吗？"

"不好意思，请问去赤坂萨卡斯，走这条路可以吗？"

"（在车站的站台上）去南砂町，走这边可以吗？"

进行交流训练时，可以先从那些容易打开话匣子的人入手，随着交流的展开，再尝试与让你心生羞怯，却又暗自倾慕的人交谈，接着挑战自己不擅长应对的类型，还有那些令你感到畏惧（比如看起来很凶）的人。还可以将范围拓展至与不同组合的人群互动。学习向各种不同类型的人提问。

如果是看起来容易搭话的人还好，但如果是年龄相近的异性，可能会觉得不好意思，尤其向聚集在一起的多名异性开口询问，更让人容易陷入窘迫。不过，这仅仅是一场旨在提升自我的训练，鼓足勇气，加油！

问路的时候，一定要看着对方的眼睛，认真听对方说话。之后，要带着微笑说"非常感谢！感谢您的帮助。""多亏了您，我才明白怎么走了！感谢您的帮助！"等，并且鞠躬致谢。

每个人都希望为别人提供帮助，也渴望得到别人的感谢。如果你带着微笑，深深地鞠躬并表示感谢，对方应该不会觉得不舒服。

但是保险起见，我再把问路时的要点说一遍。

- 从看起来亲切的人开始，之后逐渐扩展到平时会让你害羞的异性或令你感到畏惧的人。
- 听对方说话的时候，要仔细看着对方。要有意识地成为一个"观察者"。
- 感谢的时候，要看着对方的眼睛，带着微笑，用明朗的语气说"谢谢"。

被你搭话的人其实是在帮你做练习。仔细想一想，这其实有点失礼。所以，作为回报，你需要带着微笑，深深地鞠躬，或者用言语表达感谢。通过自己的感谢和态度，让对方感到开心，来弥补失礼。

你可以用比平时更开朗的语气说谢谢，也要看着对方的眼睛，传达你的感谢和感激之情。这可能会让你觉得不好意思，不过没关系，感到害羞也是合情合理的。而且，从明天开始，大概再也不会和对方见面了。既然这样，那就算出点丑又有什么关系呢？你就算表现得和平时不一样，成为一个更开朗的人，又有什么不可以呢？你就算变得让公司同事都感到惊讶，成为一个能落落大方搭话的人，又有什么不可以呢？

这是任何人都可以马上做到的事情，一定要去试试看！

勇气养成，从举手开始

如果参加研讨会、讲座或信息交流会，无论是与商业、人际关系还是体育有关的，都有提问的时间。

在这种情况下，一定要举手提问。提问的内容是什么都可以。总之要举手，站起来，说点什么。

要是在熟悉的人跟前，你大概会感到难为情。但外部研讨会不一样，参会的人基本彼此都不认识。

这种情况下，要始终牢记：不要成为"被观察者"，而要成为"观察者"。 当你举手且被点名后，很容易不自觉地切换到"被观察者"状态，所以一定要多加注意。当你提问后，可以观察讲师如何回答这个问题，以及在接到问题后，他会做出怎样的举动（眼神交流、面部表情、手部和肢体动作等），以避免自己成为"被观察者"。

当被问到"你们有什么问题吗"时，**要尽量第一个举手**。有些研讨会，提问的时间是有限的。如果是演讲会，几乎没有提问时间。不过，通常情况下，谁先举手，谁就能先提问。

此外，第一个提问最令人紧张，也非常适合用来练习。所以，到了提问时间，请务必立即举手。

电影院是培养自信的绝佳场所

电影院和研讨会现场是战胜恐惧的绝佳场所。对于容易紧张的人而言，如果去电影院，有些事情是应该要做的。

去电影院看电影时，在放映之前，可以尝试站在第一排座位前，观察观众。这样就会得到很多人的关注。事实上，每一个容易紧张的人都要习惯这种注视。

如果假装找人，那就不会让人感到奇怪了。 环顾其间要仔细观察每个人的脸，进行"观察者"练习。

如果站在前面，可能会引起一点骚动，但即便如此，也要尝试着去观察每一位观众。请有意识地成为"观察者"。如果你多次实践这个方法，即使站在众人面前，也会逐渐习惯成为"观察者"。

当然，也会有人用奇怪的眼神看你。其实，这样的人确实存在。但是，**你可能再也不会和这些人见面了**。即使被人用奇怪的眼神看，那又有什么关系呢？

你可能会觉得尴尬。但是，这是一种训练，能帮助你在众人面前不再紧张。我理解你可能想马上找个座位坐下，但请尽量坚持久一点。

如果可能的话，在一场电影中能进行两次这样的练习就更好了。在刚进去的时候进行一次，之后在上映前去厕所回来后再进行一次。在电影即将开始的时候，大多数人都会面向前方，所以这时候是一个很好的练习机会。如果有朋友或恋人愿意帮忙的话，让他们先坐下会比较好。

这种训练不仅可以在电影院进行，还可以在研讨会或音乐会现场等进行。

在本章中，我主要介绍了成为"观察者"的练习方法。容易紧张的人不可避免地会成为"被观察者"。但如果你进行了这些练习，"观察"的意识就会自然而然地产生。

成为"观察者"的训练

> ➤ 向人问路。

务必目光相接,倾听对方的话语。最后,用目光传达谢意和感激之情。

> ➤ 在研讨会和演讲会上举手提问。

提问后,观察讲师的回答方式和动作。

> ➤ 从电影院的最前排观察观众席。

一边假装寻找某人,一边仔细观察每个人的面孔。

第 2 章 七大训练法:让你告别紧张,尽显从容

在认为自己被观察之前,要先开始观察。从你认为自己能做到的事情开始,行动起来,试一试。

在下一章中,我将告诉你关于"紧张的本质"的必知常识,以及如何在惊慌失措时"快速应对恐惧"。

小贴士

虽然可能会觉得有点不好意思,但不妨尝试去做一些平时不会做的事情。

这样不仅锻炼了胆量,还能在任何时候自如地转换视角。

第 3 章

挣脱过往与未来的枷锁：
活在当下，化解紧张

过去经历带来的恐惧

现在

想象出来的对未来的不安

从紧绷到松弛：将紧张感减少到1/3

我尊敬的石井裕之先生在一次研讨会中说，一个人实际感受到的疼痛，基本上是自己所认为的1/3。人们自己认为的疼痛包含"实际疼痛"与"对过去疼痛经历的回忆"以及"对未来的不安和恐惧"这三个部分，是实际疼痛的3倍。

你的紧张情绪可能也是如此。基于过去在公共场合出丑的经历，以及当时的尴尬感受，你的紧张很可能来自对未来的焦虑，例如，再次紧张起来该怎么办呢？如果颤抖该怎么办呢？如果再次出丑该怎么办呢？

明明只有"当下的实际紧张情绪"，但你把"过去的经历造成的紧张"和"对自己想象出来的未来的焦虑所造成的紧张"结合在了一起，紧张就增加到了3倍。

事实上，许多紧张情绪都由三部分组成，即**"过往的经历和创伤造成的紧张"+"当下的实际紧张情绪"+"想象造成的对未来的焦虑"**。

当然，也有只由其中一个部分或两个部分组成的紧张情绪，但大多数怯场或认为自己容易紧张的人的紧张情绪都是这三部分的综合体。

这意味着，**即便处于紧张状态，实际的紧张程度也仅为当下所感知紧张程度的 1/3 或者更少**。

● 过往经历让我总想逃避打针

接下来，我想给大家讲一讲我的故事。事实上，我以前很不擅长打针。所谓不擅长，其实就是非常害怕打针。当时，连孩子们都取笑我说："爸爸，你竟然害怕打针。"

至于我为什么这么害怕打针，那就要从我初三或高一时发生的一件事开始说起了。那段时间，我的胃一直不舒服，以至于一年中除了十天之外，我都在闹肚子。我上的是寄宿学校，纪律非常严格，所以每天早上上厕所都让我倍感煎熬。服用非处方药无济于事，于是我去了一家大医院看病。

当时我做了胃镜检查，还验了血，不过，采血过程中出现了一些问题。

起初护士在我的左臂抽血，但无论如何都采集不到血液。所以，又换成右臂采血。但他们根本找不到我的血管，即使找到了，也很难获得血液样本。我很疼，手臂也越来越肿，我在心里大喊："天哪，能不能快点！"可能是因为抽不出血，随后工作人员又拿出了一个大注射器。我当时已经很害怕了，同时还感到焦虑和痛苦……据我回忆，当时的采血过程用了二三十分钟。这就是我的经历。

从那时起，每次打针，我都会想起当时的肿胀和疼痛，担心找不到血管，所以我对注射器的轻微移动都变得很敏感。

但我并不记得自己在那之前害怕过打针。后来，随着时间的推移，我变得越来越害怕，总是尽可能地逃避打针和抽血。在店铺工作时，我也会以繁忙为由不去做体检。但到总部工作后，情况就不同了。体检车会直接开到公司为员工进行健康检查，所以我再也逃不掉了。

我至今还记得当时自己对抽血的恐惧。我和同事们站在队伍里，当轮到我的时候，恐惧、焦虑和紧张交织在一起，让我满头大汗，脸上甚至没有了血色。护士们非常担心我，不停地问我是不是哪里不舒服。甚至有几次，我在抽完血后感觉自己快要倒下了，护士们不得不搀扶着我。

很抱歉，我占用了大量篇幅来介绍自己过去的经历，但我希望你现在能够理解我在打针和抽血方面有多么糟糕。

越想越慌，过度想象会放大问题

医疗保健非常重要，为了家庭，我绝对不能出事。这也是我决定进行体检的原因。在体检的前一天，对抽血的恐惧再次困扰着我，让我羞愧难当。

"我还有很多工作要做，明天就不体检了……我不用再去体检了吧？"

真是匪夷所思。尽管我会在培训课程中教导他人"不要逃避自己不擅长的事情""恐惧只是你自己根据'过去的情感'制造的一种情绪"，但我自己竟然就是那个逃避的人。

后来我冷静下来，仔细想了想。

"抽血真的有那么可怕吗？"

"我3岁的女儿，会因为一点小事就哭，但她会逃避抽血吗？"

"抽血真的有那么痛，甚至会让人发抖吗？"

"这种恐惧只是'过去的经历'或'未来的不确定性'，是我自己制造出来的情绪。"

"我是从什么时候害怕抽血的呢？"

"仔细想一想，我还从没见过一个成年人会害怕抽血或打针呢……"

后来，我开始觉得"抽血没什么大不了的""这只是我自己制造的一些恐惧"。第二天，当我去抽血时，排队时我还是有点害怕，但当真正轮到我抽血时，我反而并不害怕了，只是有点疼。与之相比，和孩子们一起玩格斗游戏时被打才更疼。

我简直不敢相信，我之前为什么会如此害怕。有些人可能会想——抽血是很正常的一件事，但这曾经的确是我的一个大问题。准确地说,我只是在给自己制造问题,或者是用"创伤"这个词来逃避。

我认为你的紧张也是如此。

认知重构让你主动迎战焦虑

有些人很怕狗,即使是强壮的男性,也有可能害怕狗。

如果不怕狗,看到这样的人,你就会想:"怎么,你怕狗吗?狗多可爱!"但从受过惊吓的人的角度来看,这是一个大问题。是的,这就像你害怕公开演讲一样。

当然,如果不喜欢狗,一定是有原因的。例如,小时候被狗咬伤或被流浪狗追赶过。因此担心它可能会再次发生,所以总会想起过去经历过的恐惧,并感到害怕。**但这不是"当前问题"**。这只是一个人根据"过去的经历"和"未来的不确定性"自己创造出来的一种情绪。

小时候被咬过并不意味着现在还会被咬。那只狗也不是小时候见过的那只狗,所以没必要那么害怕。

你的紧张情绪也是如此。就像我害怕抽血或有人害怕狗一样,让人害怕的并不是"当前问题"。

可将害怕的感觉减少到原来的1/3以下

过去经历带来的恐惧　　　　　　　　　　想象出来的对未来的不安

现在

毕竟，从现实情况来看，**即使要在众人面前演讲，又不是有什么危及生命的危险**。也不是必须和你亲爱的家人或恋人分开。更何况，也没有什么会威胁到你的财产安全。那么，真的有必要如此害怕吗？

假设你必须在公司早会上进行5分钟演讲，又不是要在初次见面的人面前讲话，出席公司早会的都是熟悉的人。在早会上进行演讲，也不是要在很多人面前讲话。没有必要去做那种能让所有人感动的、很了不起的演讲。

即使没讲好，也不会导致工资降低。但即便如此，还是会感到极度紧张，甚至这种紧张本身就变成了压力。这是因为，本应只是现实层面的紧张，却被"来自过去经历的恐惧"以及"自我产生的对未来的焦虑"所放大了。

如果这样想一想，你此刻感到害怕的感觉，是不是至少可以减少到1/3以下呢？希望你在今后感到紧张的时候，能够冷静地思考一下。就像我抽血之前所想的那样。

"等一下。这种紧张，真的有那么可怕吗？"

"说不定，这种恐惧只是由'过去的经历'和'未来的不确定性'所引发的，是我自己凭空创造出来的情绪而已。"

"这难道和害怕狗的人是一样的吗？"

"实际上，这种紧张感是不是至少可以减少到1/3呢？"

> **小贴士**
>
> 消极的情绪是建立在"过去的记忆"和"主观的想象"之上的。
>
> 思考一下，自己的心是否被"不存在的东西"所支配。

用好记忆橡皮擦：清除过往的经历和创伤

我曾提到，紧张主要由三部分组成，即"过往的经历和创伤造成的紧张"+"当下的实际紧张情绪"+"想象造成的对未来的焦虑"。

就像第 1 章和第 2 章中提及的那样，当能够站在"观察者"角度时，人将不再焦躁不安。站在"观察者"角度是消除当下紧张的一种方式，它同时也能有效地阻止人们思考"过往的经历和创伤造成的紧张"以及"想象造成的对未来的焦虑"。

但是，如果"过往的经历和创伤造成的紧张"和"想象造成的对未来的焦虑"过于强烈，我们就会不可避免地再次变得紧张。

那些比他人更容易感到紧张不安的人，大多是因为内心深处携带着"过去经历"留下的深刻伤痕。同时，这些伤痕也在不断地孕育出对未来的不安全感和恐惧。

因此，我们必须治愈那些由"过去经历"带来的创伤。那么，如何才能有效地治愈这些创伤呢？

关键在于，你必须直面那些问题。这不是依赖他人来治愈，只有当你勇于面对自己时，才能真正实现自我治愈。

我希望你能够回忆起那些让自己开始害怕紧张的往事。无论是什么样的事情，那些成为转折点的经历总是深深地烙印在记忆之中。如果无法回忆起那些让你开始害怕的经历，那么那些在你心中留下深刻印象的紧张时刻也同样可以作为反思的起点。

追溯产生紧张情绪的根源

"你是什么时候开始变得容易紧张的呢？"
"当时的情况是怎样的呢？"
"你有什么感受呢？"
"你有多糟、多难、多尴尬或多可怕呢？"

请尽量用语言具体地表达出来，用条目式列出来也可以。请多次仔细阅读自己写的内容，尝试面对一下自己认为导致紧张的原因。

之后，当你的心情平静下来后，请设想一下如果后辈或下属就这件事来向你咨询，你会给后辈或下属什么样的建议呢？

请把建议写在下列内容下面。

从什么时候开始变得容易紧张了呢？

☐ 大概是在初中一年级的时候。

第 3 章 挣脱过往与未来的枷锁：活在当下，化解紧张　　69

- [ ] 在数学课上。
- [ ] 到讲台上去解黑板上的题目。
- [ ] 虽然不想被点名,但还是被叫到了。
- [ ] 没能解出来题目。
- [ ] "这很简单!"传来一阵嘲笑的声音。
- [ ] 老师站在讲台上,一边说很简单,一边教我解题的方法。
- [ ] 我担心如果再出错会很丢脸,于是变得非常紧张。
- [ ] 我听不懂老师在说什么,结果又出错了。
- [ ] 大家都在偷偷地笑我。
- [ ] 我感到非常羞愧,回到座位后,甚至都不敢抬头了。
- [ ] 从那以后,我开始害怕在课堂上被老师点名。

你可能会觉得不想去想这些事情,或者回忆起来可能会感到痛苦。然而,如果不克服这种恐惧心理,当下一次遇到类似情况时,还是会感受到同样的恐惧。

我希望你能勇敢面对这种恐惧心理和不安,而不是逃避。这是对人生各个方面都适用的。不要逃避,请去面对它。这可能是一件很痛苦的事情,也可能不是一件容易做到的事情。但是,当你去面对它的时候,就能把它融入你的内心之中。

要记住:你的心并不狭隘。正如我在第2章提到的,你的心其实是很宽广的。

人生在世，总会遇到各种各样的事情。**面对所有的问题，我们只有两种选择，要么去面对它并将它纳入自己的经历，要么选择逃避。那么，我希望你能选择去接纳它。**

这或许就是成长的真谛——我们无法改写既定的过去，但正如那句老话所说："你不能改变事实，却能改变看待事实的角度。"通过重塑对过往的认知，我们得以完成自我蜕变。

我们可以从"被过去的不良经历束缚"转变为"主动去面对过去的不良经历"。**这样，你或许会意识到"过去的不良经历"并不会一直持续下去。**

小贴士

试着把那些让自己感到紧张不安的事件写在纸上。

通过面对"过去的自己"，看看"现在的自己"会发生什么改变。

做好充分预案：应对未知带来的紧张感

"（入职考试和晋升考试等）如果没考好该怎么办呢？"

"（学校考试等）如果没押中题该怎么办呢？"

"（入职面试、求职面试等）如果没通过该怎么办呢？"

"（竞争性演讲等）如果碰到一场硬仗该怎么办呢？"

"（体育领域等）如果因为我而输了该怎么办呢？"

"（销售等）如果我解释不清该怎么办呢？"

我相信你也曾因为这些恐惧和对未来的不确定性而忐忑不安。有些人可能因为过于紧张而没有取得好成绩。

对于这种对未来的不安和恐惧，该如何应对呢？很简单，只**要做好充分的准备就行**。这可能是个很平常的道理，但关键就在这里。

虽然很多人都说因为紧张而感到困扰，但实际上并没有好好做准备。连准备都没做好，怎么可能顺利呢？

对于不习惯或没有信心的事情，人们要么非常紧张，要么完全不紧张。**完全不紧张，是因为无动于衷**。比如，心里想着"我不需要参加这些考试"，也就不会紧张了。

然而，如果你想"取得尽可能好的结果""获得尽可能好的声誉""要克服焦虑和恐惧，全力以赴"，那么就需要做好充分的准备。

希望你能做到下面这种程度。

"我做了这么多准备工作，应该能应付。"

"我已经练习了很多次，只需在比赛当天全力以赴。"

"我从未想过自己会如此努力。"

在学校考试的时候，你有没有想过"要是我早点复习就好了……"而且，我觉得在学校考试中，那些早点开始复习的人，考试成绩确实会更好。

你可能会觉得学校考试和实际的商业场景有所不同，但通过准备和练习来提升结果（成果）这一点是相同的。

前西雅图水手队的铃木一朗选手在比赛前会做各种各样的准备，之后才去参加比赛。据说，通过这种方式，逐步剔除那些可能潜藏在内心，成为比赛失利借口的因素。

即使是天才选手铃木一朗，也会花时间认真做好准备。像我们这样的普通人，如果不这么做，那还能怎么办呢？你可能很忙。但是，还是尽量早点开始准备吧。特别是对于那些你不擅长的东西，更应该早点去做准备。

我能理解那种想逃避自己不擅长的事情的心情。然而，**逃避**

得越多，就会越害怕，而且可能会越来越讨厌这样的自己，甚至后悔。所以，要做好充分的准备，让自己站在"观察者"的位置。这样一来，就不会感到紧张了。

● 人前淡定源于未雨绸缪的力量

假设你不擅长在人前讲话，而且常常会后悔"当时应该那样说"。如果是这样的话，无论是自我介绍、在早会上讲话，还是在会议上想要发言，都可以提前做好准备。

在研讨会等活动中，人们总是说"我不擅长自我介绍"。如果每次都这样，就可以事先想好要说的话，并把它写在纸上，之后对着镜子反复练习，也可以请朋友来做自己的听众。

有些不擅长"自我介绍"的人，在求职时也可以说得很好。那是因为他们事先想好了，并写在纸上反复练习。我们也可以尝试着这样去做。

假设每个月你都要在晨会上发言一次，届时你必须发表 5 分钟的演讲。在这种情况下，就得早做准备。

如果在前一天或前两天才想起要发表演讲，那就会很匆忙，想不出什么好主意。所以必须提早思考或寻找素材，并且反复练习。如果每天都练习，坚持两三周，你就会越来越擅长演讲。

有些人说，"如果反复多次地进行练习，到正式演讲时，我就会像个木头人一样，很难再富有感情地进行发表了"。那么，只要练习时投入感情，不要毫无感情地朗读，就可以避免这种情况。

而且，那些很容易紧张的人，绝对不可能在现场即兴发挥去讲话。所以，首先要充分准备和练习，让自己能够成为"观察者"，之后再尝试即兴讲话。

假设你打算在第一次约会时订一家环境和氛围都很好的餐厅。其实，我觉得没必要这么大费周章，去你常去的店就行。要是你因为紧张而不安，那就多去几次熟悉一下。你可以自己去，或叫上朋友一同前往。

到时候仔细观察一下餐厅，应该就会减少紧张感。如果对店员说："下次我和我的另一半约会时，会再来这里的。"店员应该会为你提供各种建议，到时也会好好招待你，还会为你加油打气。虽然说出来可能会觉得不好意思，但值得一试。

● 缺乏充分准备就是没有准备

总会有人在演讲后说自己准备得不够充分。当然，这可能是工作繁忙所致。但从另外一个角度来看，这明显就是在找借口！

此外，如果准备得不够充分，演讲一定不会顺利。如果是竞技演讲，就更不可能取胜了！**说白了，在商业领域，要么"有准备"，要么"没有准备"。"准备不足"就等于"没有准备"。**

开新店时，最让我苦恼的是，当我向经理或总部的人指出一些问题时，他们却不以为然地找借口说："店才刚开……"他们的逻辑是"我们刚刚开业，没准备好也没办法"。

这基本上是店家的说法，完全没有考虑顾客的感受。对于来到准备不足的店铺的顾客来说，这是极大的不尊重！

有些顾客是满怀期待地来参加开业的。而且，开业期间正是最容易吸引顾客的时候，顾客的期待值也很高，但没有做好充分准备，会导致许多顾客流失。

当然，我也经历过多家新店的开业，我知道其中的辛苦。然而，即便如此，也应该在开业前做好充分的准备。

在开业前两周，虽然店铺还在施工中，但为了试运营，我邀请了总部的人员和供应商，和员工们一起把店铺运转起来。开业前，我已围绕各种预想场景，进行了无员工参与、仅由工作人员独立运营店铺的训练。通过这种方式，**那些未曾预料到的问题和准备不足的地方就会暴露出来。**之后在接下来的两周内，可以逐步改善这些问题和不足之处。

假设你要演讲，提前一周或三天设定模拟演讲的日期即可。以那一天为目标，进行彻底的准备。之后，按照正式演讲的方式进行模拟演讲。如果有愿意倾听的人或者可以协助的人，那就让他们参与进来。如果在模拟演讲中发现有准备不足的地方,那么在正式演讲之前进行调整就可以了。

我希望你能拿出破釜沉舟的决心,以这样的标准认真筹备!

> **小贴士**
>
> 逃避自己讨厌的事情,只会让不安感越来越强烈。
> 通过事先彻底的准备,将心情转变为积极的状态。

告别"灾难化"思维：摆脱身上糟糕的暗示

正如我所说的那样，如果做好了准备，就不会那么紧张。这是许多书中都经常提到的内容。

然而，尽管做了充分准备，有些人可能还是会感到紧张。也许你就是其中之一。有的时候，有些人准备得很充分，但到了上台表演的时候，却感到不知所措，甚至在体育运动中，比别人都更努力地练习，却因为太紧张而无法展现自己的最佳状态。

这是因为你养成了一个"坏习惯"。那么，这个"坏习惯"是什么呢？**那便是经常使用让自己紧张的语言。**

"我在公共场合时总是很紧张。"

"我很紧张。"

"我很怯场。"

"我真的不擅长交换名片。"

"我以前一到公共场合就会发抖。"

"我心理素质很差。"

"我不善于和异性打交道，在异性面前我会紧张，说不出话来。"

你是否也曾有过类似的表述呢？**如果你不愿意告诉周围的人**

自己很紧张，那就别再说这样的话了！

与其说是外界环境让你紧张，倒不如说是你让自己紧张。你可能认为说出内心感受代表自己对周围的人很诚实。或者，你可能是在提前为自己做不好找借口，比如"我会紧张，做不好"，又或是请求他人帮助，比如"我会紧张，我需要你的协助"。

但请你仔细想一想。如果告诉别人"我在公共场合会感到紧张"，这难道不是一种赤裸裸的自我暗示吗？

俗话说，文字是有灵魂的。你越是说自己总是紧张，你就越会变成一个总是紧张的人。如果说了"我总是会紧张"，无论准备得多么充分，你都会紧张，正如你所说的那样，你会在潜意识的引导下感到紧张。

此外，如果告诉别人自己总是很紧张，他们就会把你当成一个总是紧张的人。之后，你会变得越来越紧张。

越是说"我总是很紧张"，你的内心（自己）和外部（周围的人）就越会给予你紧张的暗示。

多用积极心理暗示，为心灵注入正能量

怎样才能打破自己一直在说的"我总是很紧张"的暗示呢？最简单的方法就是尽量不要说"我总是很紧张"。

但这还不足以消除我们一直以来为自己制造的影响。那么，

我们又能做些什么呢？

之前，我曾说过"越是说'我总是很紧张'，你的内心（自己）和外部（周围的人）就越会给予你紧张的暗示"。

我们可以反其道而行之，提出"尽量不要紧张"的暗示。

换句话说，我们可以告诉身边的人，**"我以前在公共场合会紧张""我以前很容易紧张""我以前很不擅长和异性打交道，会紧张得说不出话来"**等。

那么言下之意就是"现在不同了"。第一次见面的人并不知道你曾经容易紧张，听到以上表述，他们便会说："我明白了……那你现在一定不紧张了。"并把你当成不容易紧张的人来对待。已经认识你的人则可能会说："我还以为你总是很紧张呢。"在这种情况下，你可以说"我不记得我以前爱紧张啊"或"我曾经会紧张，但现在不会了"等。之后，你就会在周围人和自己的暗示下，变成和原来的自己完全不一样的人。

如果想告别容易紧张的自己，就不要再说"我很紧张"这样的话了，请改为"我原来……"

● 别人很难轻易察觉你的紧张

有些人可能会想："如果我说了会导致自己紧张的话，并且真的在公共场合紧张起来了，该怎么办？"

不必担心，人们并不像你想象的那样能看出你的紧张。

只要改变表述方式，就能摆脱负面暗示

在人前就会紧张

改变表述方式

- 以前，我一到人前就会紧张
- 我以前很容易紧张
- 以前，我特别不擅长和异性相处，一到异性面前就没办法说话
- 以前，我讨厌在会议上发言

不妨加入"现在情况不同了"这样的积极心理暗示。

你身边肯定也有表面上说"我太紧张了"，但看起来一点也不紧张的人。如果你经常说自己很容易紧张，周围人就会格外注意你，但如果你不说，他们就不会看出你紧张。

但是，如果在公众场合发言时感到紧张，且有人对自己说："你是不是非常紧张啊？"我们可以做出简单的回答。

第 3 章　挣脱过往与未来的枷锁：活在当下，化解紧张　　81

"我并不紧张，实际上我是有点不舒服。"

这是我以前紧张时常用的招数，无论我有多么紧张，都不会被发现。此外，有些人看到别人有点紧张，就会马上说："你是不是紧张了？"根据我的经验，这样的人肯定是非常容易紧张的人，如果他们这样说，我们可以说："我并不紧张。"这样的话，对方就会认为自己搞错了。

我还说过，我们要通过暗示让自己不那么紧张，但在实施过程中有一个注意事项。

因为要给自己一个积极的暗示，所以我们最好不要说"我总是很紧张"或"我不擅长与别人沟通"这样的话，同时也要避免"当站在人们面前时，我一点也不紧张"或"我很擅长与别人沟通"等说法。

因为如果我们说了这样的话，周围的人就会很挑剔地说："好吧，让我们来看一看你是怎么做的吧！"在这种情况下，说"我曾经……"显然更加妥当。

小贴士

"总是会紧张"→"以前很紧张"。

试着改变"坏习惯"，换个积极的说法。

善用肯定表达，舒缓紧张情绪

当感到紧张时，你脑海中会浮现哪些想法呢？例如，在登台面对众人前，是否有过以下这些念头：

"如果紧张了，就完蛋了。不能紧张啊！"
"不能颤抖。说话时不能让麦克风晃动！"

如果是这样想的，那么首先，这就是你在不知不觉中让自己变得紧张的原因。越想着"别紧张，别紧张"，就越会紧张。

这是因为潜意识无法理解否定词。**对于潜意识来说，"紧张"和"不紧张"是一个意思**。越是想"别紧张，别紧张"，潜意识就越会接收到"紧张"的信息，我们也会变得更加紧张。

因此，如果想说话时不紧张，那么就要把消极的想法改成积极的想法，比如"我要心平气和地发言"；如果想要停止颤抖，就可以对自己说"我要放松一下"，等等。

● 影响潜意识的超强技巧

"放松"或"安定"的状态，并非意识能够随意操控达成。

即便反复在内心暗示自己"放松，放松……"或许能起到些许安抚作用，然而距离真正实现身心放松，依旧困难重重。

不过，石井裕之先生传授的最强潜意识技巧——意识潜意识双重绑定，**通过与"意识层面能做到的事情"相结合，将"意识层面做不到的事情"**作为暗示成功植入潜意识。

用公式化的表达更直观一些，如下图所示。

如果要去做那些意识做不到的事情

只要说"如果你做了'意识能做到的事情'，
就能实现'意识做不到的事情'"

这样就可以了

意识能做到的事情

=

"喝水""去厕所""向前走""坐在椅子上"
"乘坐地铁""走路"

意识做不到的事情

=

"放松""平静下来""变得温柔"

例如，可以对自己说"喝了这杯水会让你平静下来"或者"上厕所有助于放松"这样的话。虽然"平静下来"或"放松"

可能无法通过意识直接做到，但"喝水"或"上厕所"可以通过意识做到。

通过**"意识能做到的事情"**，例如"喝水"或者"上厕所"这样的行为，会在潜意识中成为一种信号，从而触发某种"意识无法直接做到的效果"，让暗示开始起作用。

在潜意识中，会这样运作：我刚喝了点水→喝水时会发生一些事情→是的，我正在平静下来。这并不是在意识层面发生的，而是在潜意识层面。

在演讲之前，要轻松地聊一些"意识无法做到的事"。但如果太过用力或者过于在意这一点，效果反而会消失。

在这种情况下，最好小声嘟囔着说："我相信，站在他们面前说话时，我会感觉更轻松。"这样一来，站在前面时，你可能会意识到自己成了观察的一方，所以在演讲开始之前，你可能已经忘记了自己之前对自己嘟囔的那些话。然而，潜意识并没有忘记，它已经开始起作用了。

当你为自己在意的人送去支持时，也许会说类似下面的话。

"别紧张！"

"在公共场合，你的大脑很快就会一片空白，所以一定要小心！"

"小心犯错！"

这其实就像是在引导对方紧张或犯错一样。所以，用"冷静点！"这样的积极话语去鼓励对方，或者使用"意识潜意识双重绑定"的方法，比如说："我相信，一旦走到前面，你就能心平气和地说话了！"这样的鼓励会更有效。

如果对方紧张得太过明显，你可以像下面这样对他说。

"好吧，让我们喝杯咖啡，心平气和地谈一谈。"

"你可以坐在那边的椅子上。我相信，坐下来，你就会冷静下来。"

小贴士

告诉自己或者他人"别紧张"，只会让人更加紧张！

演讲时，可以小声对自己嘟囔一句："站上讲台时，你会有一段愉快的发言。"

用第三方视角复盘演讲过程

假设总部或总公司的人来向你解释一些事情。听他们说话时，你可能会发现其中一些问题，比如"如果能像这样解释这部分内容，会更容易理解……""说口头禅的习惯不太好。应该多去考虑一下别人的感受……""这样不好！为了赢得我们现场人员的心，必须先说谢谢，之后再开始解释"，然后会提出一些改进意见。

有人也许会问，你为什么知道对方需要做哪些改进呢？这是因为我们在面对他人发言时，能够保持客观的视角。而说话者往往沉浸于表达之中，无暇察觉自身存在的问题。

我们不是说话的人，因而能够保持客观。这就如同观看体育赛事，看足球比赛时，有些人能及时发现"对方现在空门了"，因为他们是以客观视角，或从更宏观的角度去观察赛场局势。

因此，当自己在公共场合发言时，我们应该客观地倾听自己的声音。这能让我们改掉翻来覆去说同样内容或者频繁讲口头禅的毛病，说话时自然而然就会更心平气和了。

因此，若想掌握客观倾听的方法，可尝试把自我介绍、演讲内容录制成音频，通过反复收听来自查自省。

◉ 倾听自己真实的声音

当第一次听见录音中自己的声音时，你会感到诧异，因为这声音截然不同于日常在脑海中所感知的声音。你可能不禁在心底发问：这声音怎么如此奇特？糟糕的是，这种怪异感可能还会引发你的生理不适，让你感到失望。

为什么从录音中听到自己的声音和平时直接听到的声音不一样呢？**这是因为我们平时直接听到自己的声音，是由嘴巴发出，通过空气传播，由外耳听到，并与穿过骨头，从内耳传出的声音混合而成。**

录音中的声音只是通过空气传播，从外耳听到的声音，所以听起来会不一样。但那个声音，就是别人平时听到的声音，也是你真正的声音。

一开始听到自己真实的声音，因为和听了几十年的声音不同，还不习惯，所以会特别在意声音的不好听之处。请反复听，直到不再在意自己的声音为止。如果可以的话，我希望每一个人都能够喜欢自己的声音。

这样，当我们说话时，就能客观地倾听自己的声音了。当然，如果我们能客观地倾听，就能客观地感知自己的紧张程度，并有效地切换到"观察者"视角。

如果可能的话，我们还可以用摄像机录下自己的发言姿态。这样，我们就能识别出自己站立时的不良姿势、鞠躬时的软弱无力、视线的移动、奇怪的用手习惯等。

第一次看到自己的录像时，我们可能会对自己的发言姿态感到不满意，甚至会沮丧地说："这是什么样子！"但只要发现问题，我们就能想办法解决。反复观看，我们就能客观地或从更大的视角来看待自己。

如果有录音或录像，首先要反复听或看，直到不嫌弃自己的声音和动作为止。其次，**最好把录音或录像中的自己视作晚辈或下属，以更加客观的态度倾听或观看**，这样我们就能看到自己的优点和有待改进之处。

能听自己的声音并录音，甚至录下自己说话姿态的人并不多。即使知道这样的训练很有效，有些人也会因为怕麻烦，或者不想面对自己的缺点而选择放弃。

因此，付诸实践的人一定可以收获成长。想要成长和改变的你，没有理由不去尝试。

小贴士

检查平时说话时的语气，以及姿势、手势、表情等不经意的习惯。

每天15分钟，进行"心理意象训练"

试着想象自己在公共场合发言或交换名片时的场景。比如，在交换名片时，你面带微笑，充满自信，之后还称赞对方，并享受与对方交谈的乐趣。尽可能具体地想象自己所称赞对方的内容，或者想象彼此正在谈论的内容。

如果是演讲，则可以想象在听众面前自己的表现，比如非常认真、自信、有风度，并且想象一下自己的演讲内容。除了自己以庄重和包容的方式回答棘手或关键问题外，还要想象一下问题是什么，以及自己是如何回答的。

假设在产品演示之后，你看到客户满意的样子，领导也称赞说"今天的演示很不错"，那你还要想象一下自己坐上地铁，心满意足地回到公司的情景。

总之，要尽可能具体地想象自己想成为什么样的人。有一个成语叫作"心想事成"。**没错，你越是进行自我暗示，暗示的内容就越会成为现实。**

如果反复进行这种"心理意象训练"，你会惊讶地发现，自己的紧张感会大大减少。我相信，任何人都没有理由拒绝这样一个能够有效克服紧张的方法。

接下来，我要与大家分享有关"心理意象训练"的四个要点。

①从积极的角度想象。

不需要想象自己紧张得说不出话来的样子。正是因为我们总是想象这些画面，或者总是因此而焦虑，所以才变成了现实。

所以，我们要从积极的角度思考。例如，可以尝试想象自己在公共场合流利地演讲，且每个人都在愉快地倾听。

②尽可能具体地想象。

我们要尽可能具体地想象，而不仅仅是从积极的角度想象。如果是演讲，且已经知道演讲地点，则可以想象一下演讲地点的布局和气味、从入口到讲台的流程、听众的面孔，甚至自己要讲的具体内容。我们还可以预测一下观众可能提出的问题，甚至想象一下我们如何回答这些问题。

演讲期间，自然会有棘手的问题。可以提前进行想象，甚至想象一下自己回答问题时的潇洒姿态和内容。

③模拟演练。

模拟演练也很有效。比如，就像有观众在听自己演讲一样，我们可以模拟演讲；对着镜子与自己交换名片，或者请家人或朋友帮忙。

我们可以单独演练，也不妨结交一些朋友，比如同事或在研讨会上认识的朋友等，与他们一起学习和训练。

④反复实践。

通过一次又一次的努力，想象将越来越接近现实。**想象次数越多，梦想成真的可能性就越大。当然，模拟演练的次数越多，效果就越好。**

做任何事都要不断重复，才能越做越好。因此，无论是在每天上班或上学的路上，还是每天睡觉前的 15 分钟，一定要尽可能经常进行"心理意象训练"。就像准备考试一样，不要拖到最后一刻，最好能尽早开始。

"心理意象训练"的要点

➢ 用积极的意象来训练

- 不需要有失败时的意象。
- 如果总是想着会因为紧张而说不出话来，那么这种情况就真的会发生。

➢ 尽可能地进行逼真的想象

- 进行具体的想象。
- 具体到实际说话的内容都要去想象。
- 把可以预测到的问题内容以及回答方法都想象出来会比较好。
- 提前想象可能遇到的严厉问题，并设想自己从容不迫地回答这些问题的样子和内容。

➢ 加入模拟演练

- 想象有人在听我们演讲，或者对着镜子中的自己进行名片交换。

- 如果有可以一起进行训练的朋友，会更有效果。

> **反复多次进行**

- 通过反复多次进行，会逐渐接近现实情况。
- 哪怕每日仅抽出15分钟亦无妨，重要的是能够进行多次训练。

多练多成，结果别强求

我曾提到，"心理意象训练"践行得越是频繁，其得以实现的可能性便越大。的确如此，只要你持续不断地重复这一过程，一定能领略到它所带来的奇妙效果。

然而，并非所有事情都能一帆风顺。这是显而易见的道理，但为了以防万一，我还是要特意提醒一下。

这是因为每个人都有自己的考量和立场，事情未必会按照你的意愿发展。假设你有了心仪之人，并计划在不久的将来向其表白，而且你已经连续三周每天进行"心理意象训练"。

通过训练，你可能会收到预期的效果，就是在表白时不会那么紧张了。然而，对方是否会接受你的告白，这取决于对方。不管你如何想象，对方也有自己的考虑（不接受你的告白，可能是喜好的问题，可能是对方目前有喜欢的人，也可能是对方正在努力实现某个目标，暂时不想谈恋爱等），所以事情并不一定会顺利。

但请记住，这是再自然不过的事。不过，这并不代表"心理意象训练"没有用，我们还是要尽己所能地去做。这对实现目标非常重要，哪怕结果不理想，也能推动我们前进。

> **小贴士**
>
> 不要压抑"希望我也能……"的想法，试着清晰地想象出"另一个自己"。

陷入恐慌时的即时镇定技巧

当你感到紧张时,**快速缓解紧张的方法就是让自己笑出来**。笑的时候会有一种畅快感,而且你会明显感觉到紧张感减轻了。

因为紧张和愉快的心情是完全相反的状态。当你变得愉快起来时,紧张感自然就会逐渐消失。这同样适用于感恩的心情。

我常常被夸赞擅长缓解紧张或者鼓舞情绪低落的人。其实秘诀很简单。我能让对方笑出来,或者我自己保持愉快的心情,这种情绪就会感染对方。

当你感到紧张或焦虑时,想象一些会让自己忍不住笑出来的事情,或者回想一些能让你产生感恩心情的事情就可以了。

尤其在诸如面试、考试的等待期间,或是出行途中这类极易让人滋生紧张情绪的时刻,回顾这些内容,不失为良策。倘若身处人群之中,开怀大笑有所不便,但至少,能让嘴角微微上扬,绽放一抹微笑。

虽然说起来很简单,但在实际紧张的场景中,即使明白这个道理,要让自己变得愉快或者产生感恩的心情也并不容易。

所以,最好随身携带一些能让你产生愉快心情或感恩心情的东西,如照片、信件、纪念品、写有感谢信的笔记本等。

①**想象让自己变得愉快的事情。**

最好的方法是想象那些会让自己忍不住笑出来的事情。有些事情光是想一想就会忍不住笑出声来或者露出微笑，你肯定也有过这样的经历。

②**回想感恩的心情。**

任何人都无法仅靠自己的力量生存下去。正是在周围人的支持和帮助下，才有了现在的你。

我也仔细想了想，我过去一直受到很多人的帮助，得到过很多人的支持，被很多人温柔对待，被很多人信任，甚至在我什么也做不到的时候，也有人关注我。

你也可以试着回忆一些人和事，或者让自己去感受其中的情感。

- 一直支持你的恋人或家人。
- 深爱着你、总是盼着你回家的孩子或宠物。
- 在你情绪低落时，努力鼓舞你的朋友。
- 在你生病倒下时，多次为你担心并前来探望的上司。
- 即便你现在还没有崭露头角，却依旧时刻关注着你的恩师。
- 尽管自己销售能力还很差，却依然信任并给自己下单的客户。

只要想起那些让人忍不住微笑的事情，紧张感就会停止

- **看一看可爱的孩子、宠物、恋人或朋友们的照片**

  比如，孩子的笑脸照片、朋友摆着搞笑姿势的照片、和恋人在一起快乐的照片等。

- **看一看孩子用心写给你的信**

  我随身带着女儿写给我的信，上面写着："谢谢你一直陪我玩，爸爸！"

- **回想自己喜欢的喜剧艺人的搞笑段子**

- **回忆和恋人或朋友一起度过的愉快旅行**

  看一看那些有回忆的挂件或照片也不错。

- **回想那些让自己忍不住笑出来的经历**

  比如，在地铁上突然发现鞋子或袜子穿错了；不小心拿了女儿的面包超人手帕；在公司打开便当盒，发现里面有一个大大的心形图案等。

- **听一听那些能让人变得精神起来的歌曲，或者哼唱几句，甚至在心里唱一唱**

  我只要听了某偶像团体的歌，就会变得精力充沛！

当你想起那些感恩的心情时，内心是否会感到温暖呢？而且，当想起那些支持、信任自己，对自己好的人时，你是否会想"我需要为这些人做出更多的努力"呢？

帮助过你的恩师们，一定最希望看到你的成长。他们看到你充满活力、闪闪发光的样子，一定是最开心的。

莫向紧张低头，让我们全力以赴、奋勇前行。这不仅是为了自身的成长与梦想，亦是为了回馈那些长久以来始终关切着你的人们。

快速降重心、稳情绪的"重心移动法"

当我们感到紧张的时候，从某种意义上来说，重心真的会上移。当我们放松或平静的时候，重心位于肚脐下方大约三根手指宽度的位置，也就是所谓的"丹田"。

当我们紧张时，重心会向上半身移动。因此，紧张时肩部、手臂、胸部和颈部会不自觉地用力，或者双脚会变得不稳，摇摇晃晃。特别是那些容易紧张的人，重心会升到头部，导致大脑一片空白，无法思考，或者脸和耳朵变红，甚至额头大量出汗。

所以，当感到紧张的时候，你需要把重心降下来。不过，即使你坐在那里，想着要把重心降下来，重心也不会真的降下来。但有一种非常简单的方法可以让你的重心降下来。**那就是，简单**

地做一个跳跃动作！不需要很用力，只要轻轻跳几下，重心就会很容易地降下来。

你可能经常看到运动员在比赛开始前会轻轻跳跃几下。**当你觉得紧张的时候，试着跳几下吧**。这里有两个需要注意的地方。

第一，如果在跳跃时仍然把注意力集中在头部或其他上方部位，是不会有改变的。

跳跃时，要有一种意识，体会身体重心不断下沉，直到脚部的感觉。如果觉得难以理解，**可以试着在跳跃时把注意力集中在与地面接触的"脚尖"上（将身体的重量放在脚趾上）**。

第二，跳跃结束的时机很重要。如果突然停止跳跃，身体会变得摇晃，感觉不稳定。在最后一次跳跃结束后，不要突然停下来，而是稍微弯一下腰（就像跳台滑雪运动员的姿势），之后慢慢地站起来，恢复到原来的站立姿势。

在这个过程中，**关键是要让脚底，尤其是脚尖，牢牢地贴在地面上**。有些人可能会觉得在这个姿势下身体会稍微前倾，但实际上这是一个稳定的姿势，从侧面看，你会发现身体是笔直且站得很稳的。

在运动等场合中，跳跃是比较容易做到的，但在面试或考试之前，可能就不太方便了。在这种情况下，可以去厕所或者没有人的楼梯平台等地方进行跳跃。如果被人看到的话，可能会有点尴尬。

记住，跳跃结束后，别忘记提升"观察者"的意识。

用"灰尘飘落法"温柔疗愈，平息心跳

到了关键时刻，可能会因为紧张而心跳加速，无法平静下来。在这种情况下，我们往往会试图让心绪平静下来。

然而，无论我们多么想让它平静下来，它是不是反而更加无法平静了呢？我们会感觉到心跳在加速，结果反而更加紧张了。

有些人认为心在身体里面，所以会试图让身体里的心平静下来。那些认为心在大脑里的人，会试图让大脑平静下来，结果反而让注意力更加集中在大脑，导致更加紧张。

那么，我们能做些什么呢？正如我在第2章提及的，"心"不在身体里，而是身体在"心"里。

"心"环绕着身体，所以我们**只需要注意周围的环境，让周围的空间平静下来**。例如，虽然肉眼不容易看到，但在我们周围有无数的小灰尘颗粒在飞舞。我们可以想象，自己周围的无数尘埃颗粒从上往下闪闪发光。

如果有阳光等光线照射，就可以寻找灰尘，看一看灰尘究竟是如何飘落的。如果看到几粒灰尘，仔细观察，会发现每粒灰尘都会以不同的运动方式落下。我们也可以把灰尘飘落的方式作为自己观察的对象。

这样一来，原本上扬的紧张情绪便会缓缓下沉，心跳亦会渐渐平稳。

● 止住手脚颤抖的"意识化感知法"

你是否也曾有过这般体验？当站在众人面前，或是猝不及防被点名发言，又或是置身于体育运动、才艺展示场景时，手脚会不由自主地微微颤抖。

没有什么比在众人面前颤抖更让人讨厌的了。所以，我们会焦急地试图停止颤抖。然而，颤抖却完全停不下来。我想你肯定也有过这样的经历。

为什么颤抖停不下来呢？**因为紧张是一种无法通过意识控制的"心理机能"**。没有人是故意让自己的手脚颤抖的，这是身体不由自主地在颤抖。

烦躁的时候也是这样。即便想要抑制住烦躁的情绪，可烦躁这种情绪是无法靠意识去控制的，所以根本没法止住。因此，如果指责正在烦躁的对方"别烦躁了！"对方反而会更加烦躁。

然而，对于那些能用意识控制的身体机能，还是有办法应对的。比如，走路、挠头、动手拿东西、露出笑容、耸肩等，这些都是可以用自己的意识来控制的。

为什么手脚的颤抖无法停止呢？正是因为你在努力试图让它

停下来。相反，这种努力反而让注意力集中在颤抖上，导致颤抖更加无法停止。

索性让自己更加颤抖吧！ 比如，如果手开始不由自主地颤抖，那就有意识地让颤抖变得更厉害。如果腿在剧烈颤抖，那就**让腿更剧烈地抖动**。

心理因素导致的手脚颤抖是无法通过意识控制的。然而，作为身体机能的手脚运动是可以通过意识控制的。

这样一来，因为是通过自己的意识控制身体继续颤抖，那么你也能让它停下来。也就是说，**把那些无意识发生的事情转化为有意识的行为**。

你可能会想："真的能这么做吗？"听好了！正是因为拼命想要停下来，才会陷入困境。

让手脚动起来就好！哪怕觉得是被骗了，也请大胆地让颤抖的手脚大幅度地动起来。要用自己的意识明确地、大幅度地去动！

既然能通过意识让身体动起来，那么你也能通过意识让身体停下来。 你可能会想，"如果我的手脚动得幅度太大，那也太奇怪了"。

当然会看起来有点奇怪。但你不需要一直这样做，只需要很短的时间，比如 3 秒，或者最多 10 秒。即使动了，大家也会很快忘记。相比之下，一直手脚发抖地说话反而更奇怪。而且，一边在意着颤抖一边继续说话，真的只会让人感到痛苦。

犹记初次置身于满是长辈的聚会场合，毫无预兆地，我竟被要求率先进行一场时长约五分钟的演讲。因为被突然推到众人面前，我的第一反应就是抗拒："为什么是我？还有那么多人。我还没有准备好，不知道这是一个什么样的派对，没有什么可谈的！"结果还没等我成为"观察者"，麦克风就已经递到了我手里，导致我那握着麦克风的手不停地颤抖。

不过，当我试着大胆地动一动后，颤抖一下子就停止了。站在讲台上，我先是大幅度地动了动握着麦克风的手，之后才开始讲话，所以我觉得并没有显得太奇怪。

从经验上来说，即使无法完全止住颤抖，但明显比最初要好很多，所以请放心，如果你能感觉到"自己抖得比刚才轻多了！"哪怕只是一点点，颤抖也会逐渐减轻。

从被动应对到主动掌控，快速缓解脸红

从无意识到有意识，其实就是改变立场。在上一节的例子中，就是从"手在颤抖"变成"让手颤抖"。

在上述两种表达中，措辞看起来相似，但它们各自承载的含义有所不同。事实上，这种主动的立场转变是非常重要的。

有一位会因为紧张而脸红的女士曾经参加过我的月度学习小

组。据说她一紧张脸就特别红。她是位女性，我觉得她脸红的样子看起来很可爱，完全不需要为此而担心。但是，她为此非常困惑。

脸红时，人的整张脸都会发热，所以人们很容易就能推断出自己是否脸红。发现自己脸红的人，如果试图阻止，其意识会集中在自己的脸上，反而会加重脸红的程度。

我发现，只要改变自己的立场，身体就会发生巨大的变化。为此，我建议她：**想象自己是"故意脸红"，而不是被动地发现自己"脸红"。**

之后，她有机会在众人面前发言，站在与会者面前的那一刻，她的脸确实红了，但很快又恢复了原来的肤色。

实际上，可能没办法故意让自己脸红。不过，有了这样的想法，自己的立场就会完全改变。这样一来，遇到脸红的情况，就能应对自如了。

这种立场的变化在人际关系中也会有所帮助。假设你的同事或朋友说了你的坏话，而你本能地会想"被说了坏话"，所以就会产生诸如"我为什么要让他对我说这些呢？"或者"你怎么能这么说呢？是他没有做到！"这样的抵触情绪，甚至会感到生气。但是，如果你认为是你故意让对方说坏话的，又会怎么样呢？说得更准确一些，是你让对方把坏话都吐露出来的。这样，是不是就不会那么生气了呢？

当你站在"故意让对方说坏话"的立场时，因为你不会对对方产生抵触情绪，对方也会逐渐停止说坏话。**即使当面听到对方说坏话，如果你表现出"再多说点"的态度，对方渐渐就不会再说了。**如果是从第三方那里听到坏话，你可以用类似"我挺喜欢他的，也认可他，不过呢……"这样的方式回应，当你的这种态度传达给对方时，对方再想说些不好的话，也会觉得难以启齿了。

与紧张和解，学会不被情绪左右

你是不是会在紧张时想"不要紧张！""不要紧张！""不要颤抖！""不要颤抖！"呢？我非常理解你的感受。

不过，我想说，你有没有想过像下面这样看待这个问题？

不要在乎是否紧张！

不要在乎是否焦虑！

不要在乎是否发抖！

不要在乎是否脸红！

毕竟，你已经知道如何摆脱紧张和焦虑，甚至知道如何停止发抖和脸红。你还知道，实际紧张至少可以减轻至 1/3。

紧张也没关系！焦虑也没关系！发抖也没关系！能真切地感受到这一切时，我们就已经接受了自己不太喜欢的紧张和焦虑。

奇怪的是，这会让人不那么紧张，不那么焦虑，也不那么容易发抖。

因为你的心在成长。试图强迫自己控制紧张情绪，只会让人更加紧张。当认为紧张没关系时，心就会变得更加开放，视野也会变得更加开阔，人自然就会成为"观察者"，也就更不容易紧张了。即使有点紧张，也能很快恢复正常。

这就如同大海里的海浪，即便只是在海面上轻轻拍击，再广袤的海洋都会泛起涟漪；但倘若面对一片汪洋大海，我们置之不理，海浪终会平静下来。

面对自己的紧张情绪，我们不要认为自己是被动地"紧张"，而是要把它想象成主动的"紧张"，以克服激动和紧张的情绪。

快速平复情绪的"开关"藏在神奇的穴位里

在本章的最后，我将为大家介绍一个简单的缓解紧张的方法。

事实上，手掌上有一个穴位可以放松精神！可尝试用大拇指在手掌中间轻压，同时慢慢呼气。这样重复几次，就会感觉平静一些。

不过，如果担心呼气时会口干舌燥，可以用大拇指轻压手掌中部，想象气从大拇指传到手背。这可能更容易做到。但无论哪种方法，都要坚持到能轻松呼吸为止。

例如，有些人在公共场合发言时，通常会手足无措，但如果将手放在身前，握住靠近手掌中间的位置，就能平静地发言。

这个部位在整骨疗法中被称为"劳宫穴"，**它能缓解心跳、紧张、急躁、焦虑和烦躁，让人心平气和。**

我在公共场合发言时总是很自然地在观察与会者的同时这样去做，深知其功效。此外，虽然不知道是有意还是无意，但有不少讲师都会一边说话，一边用手指按压掌心。当遇到棘手的问题时，我也会这样去做。毕竟这样一个简单的动作就能让我平静下来。

我现在已经养成了按住掌心说话的习惯。这种方法简单易行，随时都可以进行实践，如果你也经常感到紧张，不妨一试。

在下一章中，我将为大家讲述在特定场景下的消除紧张的方法，以及惊人的潜意识技巧等内容。

小贴士

在关键时刻，人往往会感到格外紧张。

不过，现在一切都过去了！你已然掌握了诸多应对紧张的方法。

第4章

高情商社交表达术：
六大场景破局妙招

演讲场景：如何表达能拥有高人气？

在前面的章节中我已经多次提及有关演讲的注意事项，如有必要，可以重新阅读一下相关内容。

在这里，我将帮助大家复习相关内容并介绍一些新的诀窍。

①小型演讲。

如第1章所述，在公开演讲之前，最好提前站在听众面前。可利用休息时间站在讲台上仔细观察。不要等别人说"请××上台"后再站上讲台，而是要事先站到听众面前，主动适应环境。

如果能微笑着与坐在前排的人交谈，并在每个人进入房间时向他们问好，你就会创造出一个舒适的演讲场所，心情也会放松下来。

②大型演讲。

当然，在大型演讲中，也要去观察，将自己的心灵空间扩展到所有观众。但具体要如何去做呢？

在这种情况下，演讲者要像拼图一样，对整体进行细分，之后再逐一进行观察。

③准备工作。

正如我在第3章以晨会为例所介绍的那样，演讲前，要做好充分准备。演讲者应该为所有可能发生的情况做好准备。因为在商业场合,"准备不足"就等于"没有准备"。

④个人形象。

如果想让自己看起来充满活力,哪怕只在一处佩戴颜色鲜艳的物件也好;如果想让自己看起来干练精明,那么穿上合身的西装,系上领带,并插上装饰手帕等做法会比较好。虽然这是理所当然的事,但我还是要强调,着装不同,给人的印象会有很大的差异。

不过,需要注意的是,穿着不熟悉的服装会让人感到紧张。所以,如果不习惯专门为演讲准备的衣服,最好提前多试穿几次。另外,也不要忘记通过形象训练来融入角色!

⑤行为举止。

出场时,要慢慢走,姿势正确,抬头挺胸(下巴向内收)。站在人前时,人往往会把头低下,但如果驼着背,低着头,就会显得软弱和紧张。所以一定要抬起头,坚定地看着前方。

书上常说,人应该挺起胸膛,但也没有必要特意去这样做。这是因为,如果强行挺胸,胸部就会用力,人的意识也会不自觉地集中到那里,从而更容易紧张。

容易紧张的人,往往上半身会特别用力,也就是所谓的"身体变得僵硬"。从字面上理解,就是身体因为过度用力而变得僵硬。

如果感觉胸部、手臂、肩膀等部位有不必要的紧张(发现自己僵硬了），就尝试放松那些部位。

不过，可能有人会觉得，没那么简单！对于这样的人，我有一个很好的方法可以分享。

故意用力绷紧胸部、肩膀、手臂等上半身部位，让身体变得僵硬。用力挺起胸膛，紧紧绷紧手臂，用力耸起肩膀。

明白了吗？我说的是要用力到极致！当用力到极致时，你会在胸部、手臂和肩膀等部位感受到一种违和感，或者意识到自己变得僵硬了。实际尝试一下就会明白。

所以，为了消除这种违和感，你只需要停止用力就好了。这样一来，多余的紧张（僵硬）就会全部消失，恢复到自然的状态，也就是所谓的放松状态。

⑥开场交谈。

如果是自我介绍，不要急于开始，而是先仔细观察听众的表情，之后再慢慢开始。另外，当你站在众人面前时，慢慢地呼一口气，放松一下也是一个不错的选择。我通常会在自我介绍之前，先轻轻地呼一口气（不必通过麦克风）说："你们好，我是森下裕道。"

通过轻轻地呼一口气，可以放松肩膀的紧张，从而以更好的状态开始讲话。如果不这样做，而是突然说出名字，可能会结巴或者手抖。这是一种非常有效的预防方法。

还有一点希望大家不要忘记，越是不看听众的脸，就越会感到紧张。所以,请一定要好好观察听众的脸。

◉ 避免面无表情,让演讲更具感染力

在演讲中,重要的是要**面带微笑,愉快地说话**。当然,这也取决于内容。听众们只是看着演讲者的姿态,就会逐渐变得愉快起来,当看到演讲者面带微笑、愉快地讲话时,即使其演讲技巧稍显不足,也会被吸引住。

在东京迪士尼乐园的花街巡游中,大家都面带微笑,愉快地跳舞。这样一来,你自己也会逐渐变得愉快起来,而且说不定会被那种氛围所吸引。这是一样的道理。

即使只是装出来的笑容,也请努力保持微笑。**比起取悦他人,你自己享受其中才是更重要的。**

当我们无法自然流露出笑容时,往往意味着内心正被某种狭隘的情绪所禁锢。不妨试着主动扬起嘴角,即便起初带着几分勉强,这份刻意的微笑也能让心境变得开阔起来。

事先在讲台上准备一些能让自己情不自禁地大笑或微笑的东西,这样做效果应该会很不错。比如,在演讲稿中夹上孩子、恋人、宠物等照片。这样一来,你就能更加放松,也能更顺利地与他人对话。

站在"对方视角",直击听众需求

演讲时,肯定会有听众。演讲者要尽量站在"对方视角"发言,而不是站在"自我视角",要努力让自己的发言通俗易懂且有趣,尽可能让听众受益。

这样,无论有多少人在场,演讲者都不会紧张。**人说话不是为了让自己开心,而是要让别人开心。**

无论是普通的晨会、有数百人参加的研讨会、面向其他公司的竞争性演讲,还是教师给学生上课,都是如此。演讲者要试着把注意力放在聆听的人身上,而不是只专注于自己。

此外,无论会场里有几十人、几百人还是几千人,演讲者都要通过眼神与他们一一交流。的确,同时看到这么多张面孔会让人感到紧张。**但无论有多少人,都是由每一个人组成的集体。**演讲者要关注在场的每一个人,而且必须"观察"他们每一个人。

聚焦有效信息,提升观点传达效率

有些身为演讲专家的讲师,几乎不看听众,只顾着看自己写的讲义或前面投影的幻灯片讲话。

最让我惊讶的是,他们在向听众提问时,目光却一直盯着自己手边的讲义。他们一边让听众回答问题，一边却只顾着看自己接下来要讲的内容。我对此感到无语，甚至非常失望。

演讲过程中，重要的并不是写有讲话内容的讲义！而是要关注眼前的人们。只有这样，才能把自己的想法传达出去。作为讲师，重要的是让听众理解，而不是单纯地去讲授。

如果你也有在众人面前讲话的机会，要好好思考一下。**比起说话内容本身，更重要的是要让眼前的人能够听得懂并且理解。**这样的话，你就会清楚地意识到，不看着对方的脸说话是多么荒谬的事情。

在这里，我将顺便把其他一些常见的错误行为也写下来。

在人前说话时的错误行为

> ➤ 为了尽快结束，说话变得急促

即便听众没有反应，也请勿加快语速。语速过快不仅会让人难以听清内容，还会显得自己缺乏自信。就像后面【会议篇】中所提及的，尤其是地位较高的人，他们通常不会表露明显反应，甚至可能面无表情地听你发言。

> ➤ 在说话前或说话过程中说"呃（口头禅）"

"呃（口头禅）"会让人联想到那种说话既无聊又冗长且年龄较大的形象。只要一出现"呃（口头禅）"，就会让人觉得无聊，而且说实话，这只会显得自己很没水平！

> **用"我好紧张"来博取对方的同情**

即使你很紧张,也绝对不要说"我很紧张"。这么说完全不考虑听者的感受,只是为了让自己轻松一点。而且,越是说"我很紧张",就越会紧张!

> **因为缺乏自信而声音变小**

在演讲中如果声音听不清楚,只会让听的人感到难受。这是理所当然的,但我还是要强调,请务必用响亮的声音清楚地说话。而且,用响亮的声音说话,也会显得你很有自信。

从"表达者"到"共鸣者",抓住听众的心

"你认为怎样才能成为一名优秀的演讲者呢?"

当被问及这个问题时,通常人们首先想到的都是演讲技巧。但我要说,演讲者不需要任何演讲技巧。当然,演讲技巧掌握得越多越好,但比这更重要的是让人们对你所说的话感兴趣。

要引起人们的兴趣,并不在于演讲技巧的好坏、逻辑性的强弱或笑点的高低。

"这个人理解我的感受。"

"这个人的想法和我一样。"

只有让人产生这样的想法,他们才会对你的发言感兴趣。之后他们便会想,"这些话是对我说的"。在这种情况下,无论你

的演讲技巧如何、故事是否有趣，他们都会对你所说的内容感兴趣。

然而，这并非一对一的对话，而是面向众多听众的演讲。你可能会认为让所有人产生兴趣是件难事。但事实并非如此！这就是技巧所在。关键在于，每个人都有两面性，只需善加利用这一点即可。也就是说，**要从正反两个方面来阐述同一件事情**。

"有些人可能会认为，由于发行量下降，现在是时候改变观念，进行革新了。相反，也有人认为尽管发行量有所下降，但作为月刊时尚杂志，目前的发行量仍然可观，因此应该维持现状。因此，我会提出以下建议。"

"现在，有些人每天工作都感到无比快乐。然而，也许有人曾经觉得工作很有趣，最近却觉得无法享受工作，因而感到烦恼。还有些人可能会对公司或同事产生不信任感，觉得无法像从前那样全身心投入工作。所以，我想说的是，如果现在不……的话，就……。"

"有些人或许会赞同我的看法，甚至以言语表示支持。然而，也有人可能觉得我的发言毫无意义。所以，我需针对这些人阐释自己的观点。"

在演讲中赢得对方的心很重要，因此我举了上面三个例子，帮助大家理解。你能看出我在上面的例子中分别从一件事的两个对立面进行了阐述吗？

第二个和第三个例子想要强调的都是两面性，但我为了赢得更多人的心，会进一步细分为三面，甚至四面。这种说话方式会让人觉得"你说的是我"，或者"是啊，是啊，我也是这么想的"等。这样一来，对方就会开始觉得，"这是一个针对我的发言""这个人在代表我说话"，于是就会对这些话产生兴趣，并且逐渐沉浸其中。之后你提出的建议也会更容易被接受。

如果把这些话写成文章，可能会被人吐槽说"你只是说出了所有可能出现的看法"，但其实，听你说话的人并不会这样去理解。人们往往只会记住自己感兴趣的部分，而这些部分就会成为对你整个演讲的整体印象。

就像对于星座的解读，每个人只会关注自己星座的部分。从研讨会结束后的问卷调查中也可以看出，不同的人觉得好的地方完全不同。

虽然这看起来很简单，**但在演讲中，这可以说是一种高超的技巧，能够抓住听众的心。**

不过，说话的时候一定要投入感情。如果只是简单地、机械地念出来，效果就会大打折扣。

当你真正成为"观察者"，去观察听众的表情时，你就会明白他们的心情了。观察听众的表情，推测出他们的心情，之后替他们表达出来就可以了。这样的话，对方的心一定会向你靠近很多。

强化听众感受，应用好收尾技巧

演讲只要开头和结尾做好了，整体就会显得很成功。所以，尤其是开头和结尾，一定要反复练习。

无论在过程中出现多少失误，只要在最后能够自信地带着笑容，传达出自己最想说的话，以及感谢聆听之情就可以了。

"（带着笑容，自信地说）虽然有点重复，但我最想传达的是……今天真的是（在这里稍做停留，并注入感激之情）非常感谢大家。"

如果在中途失误了，可能会一直耿耿于怀，从而变得焦虑起来。但是，希望你能站在听你演讲的人的角度想一想。谁愿意在忙碌中去听一个只顾着考虑自己事情的人说话呢？应该没有人会愿意吧？

如果在中途觉得自己失误了，那么从那一刻起，试着把注意力转移到那些哪怕只有一点点愿意听你说话的人身上，继续和他们交流。

我再说一次,重要的并不是你被别人如何看待,重要的是将注意力放在那些愿意倾听你的人身上。这样一来,人们对你的评价会逐渐提高。

小贴士

即使说话时稍微卡壳,也没有什么问题。

如果能从"对方视角"出发,带着微笑进行演讲,就能事半功倍。

提问场景：如何应对突如其来的提问？

事实上，刚开始做研讨会讲师时，我也非常害怕别人提问。这是因为比我年长的人有时也会问我问题，有些问题对我来说是很大的考验，甚至会让我难堪。

例如，有些企业的总裁或销售部长等会邀请我去演讲。总裁和销售部长了解我的情况，但其他人不认识我。

此外，我所教授的客户服务和销售技巧等都是面向一线工作人员的，所以经常会有销售人员表示"为什么要参加销售培训？""也不知道是哪来的老师，店里那么忙，现在已经为销售忙得焦头烂额了，哪有时间参加这样的培训！"言外之意就是不想参加培训。

因为研讨会是在这样的气氛中开始的，所以有些人试图针对我的发言提出一些令人不快或尴尬的问题。

那时，我还太年轻，而学员们的社会经验和行业知识更丰富，但我不想被人小看，或者说，我希望被视为有威严的讲师。

因此，到了提问环节，我会因为不知道他们将提出什么问题而害怕，甚至因为害怕提问而逃避，不敢腾出时间来让他们提问。

当然，现在我完全不怕提问了。这是因为我成了"观察者"。更重要的是，人之所以会紧张，是因为我们是从"自我视角"思考和行动的，**如果站在"对方视角"，通常就不会紧张。**

比如说，在研讨会期间被人提问时，为什么会感到紧张呢？就像我刚才说的，是因为心里想着"想要作为讲师给人留下好印象""想要展现出威严的一面"之类的事情，所以才会紧张，甚至大脑一片空白。

简单来说，我想的都是自己的事，根本没有去考虑提问的人。这就是所谓的"自我视角"。

当你被提问的时候，好好地看着对方，思考"要怎样向这个人解释才好呢？""这个问题的背后到底隐藏着什么呢？""要怎样回答才能提升对方的积极性呢？"等，然后用你认为对对方来说最容易理解的话语来回答他。即使是同样的问题，回答对象不同，答案也会大相径庭。然而，倘若缺失了用心观察对方、渴望深入了解对方的心态，上述这些事情，皆是难以达成的。这就是所谓的"对方视角"。

站在"对方视角"的最大好处就是，在面对别人的提问时，我们能自然而然地得出最佳答案。认真思考并回答对方提出的问题后，你可能也会想："天哪，我说得太好了！"

用提问的方式，激发对方深度思考

基本上，如果能站在"对方视角"，人就不会失去理智。不过，倘若在紧张状态下被突然提问，或者对问题感到反感，就可能会大脑一片空白，陷入困境。

这时就可以用到我早年当讲师时使用的"答题技巧"了。我以前也害怕被提问，但这一技巧让我渡过了很多次难关。

我的"答题技巧"非常简单，那便是：**直接反击！**

"我也要反过来问你相同的问题。"
"在我回答之前，请允许我问你同样的问题。"
"答案很简单。你到底想怎样呢？"

之后，在对方思考的同时，我们也要思考问题的答案。当然，我们也可以同意对方的答案，或者说"答案就在你的心中"。

"没关系！答案就在你的心中。"
"这与我的意见无关，重要的是你怎么想。"

虽然这看起来有点像是不太地道的技巧，但这个"把问题抛回"的技巧，也可以引起对方的思考。还有一些人提出的问题，甚至根本未经自己思考。即便你心里已有答案，也不妨说："那我也要反过来问你这个问题。"

有人会如此回应:"明明是我在问你啊!"倘若遇到这种情形,可以这么说:"不是问我哦。关键是你怎么想?要是你不先讲讲自己的想法,我说什么都没意义。"

说来也有趣,这样一来,自己就站在了"旁观者"的立场上,局面也会发生变化。当然,若能够正常回答问题,还是要认真作答,这是前提。

面对突然提问,快速有条理地回答

虽然这是一个常被提及的方法,但面对突然的提问时,可以像下面这样回答。

"这有三种情况。第一种情况是……"

一旦开始说话,潜意识就会被激活,从而产生所需的答案。如果你紧闭嘴巴,拼命地想"怎么办?我必须回答这个问题……"反而更难想出答案。总之,只要开始说话,后面的话就会跟着出来。

比如在众人面前突然被要求做自我介绍,如果你说"突然让我自我介绍,我也没什么可说的……"之后总归会冒出点什么来。

这和写文章是一样的，如果只是在脑海中思考，往往很难真正写出来。但是，不管是什么，只要把想到的东西，一股脑地敲到电脑上，或者写到笔记本上，文字就会逐渐连贯起来。

应对突然提问时不会慌乱的技巧

面对突然的提问，不管你的脑海里是否有答案，都可以大胆地说："这个问题有三点。第一点是……"之后的话就会自然而然地冒出来。

你可能会想，如果说有三点，但最后只说出了两点，那该怎么办呢？如果遇到这种情况，你可以像下面这样回答。

"关于这个问题，主要有三点。第一点是……第二点是……（说到此处，突然意识到第三点一时想不起来）虽然我一开始说有三点，但实际上，真正关键的只有这两点。剩下的那一点，此刻说出来，恐怕会让大家感到困惑，所以暂且先说这两点。"

这样回答的话，就不会显得奇怪了。

那么，如果想到了四个方面，又该怎么办呢？

"这个问题主要有三个方面（围绕三个方面做出说明）。但实际上，还有一个方面需要注意，第四个，也是大家往往认为理所当然但又很容易忘记的一个方面，那就是……"

如果能这样说，就不会有人认为是一时兴起多加了一点。此外，我们再来看一下在发言期间想到六个方面时该如何处理。

"（围绕三个方面做出说明后）我一开始告诉大家这个问题主要有三个方面。但实际上是有六点需要注意。可并非所有内容都

第4章 高情商社交表达术：六大场景破局妙招

很重要。在这六个方面中，前面提到的三个方面尤为重要。这一次，我们仅集中讨论特别重要的几个方面。"

如果把一切都告诉对方，就会显得冗长，所以我们一定要有所保留。聆听者也会认为，自己得到了精心挑选的答案，从而心满意足。

最后，如果一开始说有三个方面，但在发言时只说出一点，也可以像下面这样说。

"（说完第一点后）我原本告诉大家这个问题主要有三个方面。但我们只专注于其中特别重要的这一点就足够了。所以，请一定要牢记这一点。"

尽管发生概率极低，但万一已经说了"有三个方面"，而思路却不太清晰，也可以按照以下方式进行处理。

"这个问题主要有三个方面，我现在正在想如何用一种通俗易懂的方式进行讲解。"

总之，就是要告诉对方自己脑子里已经有了很多答案，但目前还在想如何更好地向其解释。

重要的是，要自然而然地为自己所说的话增加说服力，因此，无论在以上哪种情况下，威严庄重的态度是必不可少的。为此，请确保自己是站在"观察者"立场或"对方视角"上！

● 被追问时，守住立场，认可对方

有时，尽管已竭尽全力解释，但与你交谈的人却歪着头，似乎完全听不懂。如果是一对一，那倒无妨，但当着一大群人的面，可能会感到紧张，怀疑自己解释得不够清楚。

在这种情况下，当然要有意识地设法讲解，**但问题出在对方身上的情况也不少见**。特别是当你处于主持人或讲师的立场时，如果贬低自己，泄气、怀疑自己的讲解不够好，听的人也会怀疑你所言的真实性。

事实上，这可能是因为对方的理解力或想象力有限，或者是他们有自己的想法，不相信我们所说的话而已。另外，如果在很多人面前总是向一个人进行过多讲解，其他人也会厌烦。这时，可以采用下面这些表述方式。

"这也许不是你所寻求的答案，但我的回答如我刚才所说的那样。"

"也许你现在还不能信服，但请花点时间再想一想。之后，你可能就会理解。"

"倘若你对我所言心存疑虑，那就表明你心中已然有了答案。你得引导自己去探寻属于你的答案。这便是我的想法。"

关键是不要放弃自己的论点，同时也要认可对方的想法。你不必因为对方不理解自己而失去信心，**我要强调的是，如果你站在讲师的立场，千万不要动摇**。一旦动摇，之前所讲述的内容就会失去说服力。

预判对方可能提出的问题

如果害怕被提问，那就做好应对准备。例如，在向客户介绍情况时，提前预想客户可能会产生疑问的地方以及可能会反驳的点。当被提问时，就好像早就料到了这个问题一样，迅速地分发相关资料，这样做也有助于赢得对方的信任。

即使最终用不上，只要准备充分，就会自信满满，举止得体。听者也会觉得把工作交给这样的人很放心。

同样，在这种情况下，重要的是要"仔细观察"提问者。对于同一个问题，不同的人需要不同的答案，如上司、下属、来自其他公司的人、没有专业知识的人、理解快的人、理解慢的人等。

因此，请记住，我们需要做好充分准备，并站在"对方视角"定制自己的答案。

小贴士

即使想不出机智、风趣或恰当的回答，也没关系。

只要开口说话，大脑就会开始高速运转。

会议场景：如何实现高效的沟通？

在开会前，要第一个进入会议室。之后，仅仅是看着每个人陆续进来，你就会逐渐不紧张。如果因为迟到或者中途去倒茶而晚些进入会议室，会让人感到紧张。这是因为所有人的目光都集中在你身上，你会意识到自己正在被观察。

和人约会见面时也一样。如果你会紧张，那就早点去，让自己处于"观察者"的位置。

不过，有时候可能没有办法第一个进入会议室，在这种情况下，如果直接走进会议室，可能会觉得"哇，全是厉害的人啊！"这样一来就会更加紧张。所以，进去之后首先要数一下在场的人数，并且环顾一下整个房间。这样的话，就能让自己处于"观察者"一方，也就不会被现场的气氛震慑住了。

● 清晰传达内容，让对方一听就懂

在有重要人物在场的情况下做演讲，会让人特别紧张。在常见的说话技巧中，有一个是"压低声音说话"。据说，把声音压低，不容易让人看出自己紧张，而且还会给人一种沉着冷静的印象。

坦率地说，又不是什么大人物，这种技巧还是不用为好。倘若在那个场合中，你是地位最尊崇的人，这么做或许还能理解；但要是仅仅压低声音说话，只会让人更难听清内容。从周围人的角度来看，这也会给他们造成困扰。而且，要是被前辈说"听不清，再说一遍"，那你就会更加紧张了。

会议期间，**最好大声、清晰地说话，让自己看起来非常自信**。经常有人说我很自信，原因之一就是我有一个大嗓门。此外，如果能开开心心地大声说话，别人就很难看出发言者是否紧张，而且听的人也会更愉快。所以，在发言的时候，请用比平时高大约两个音调的嗓音说话。

注意了声音的音量之后，接下来需要留意的就是语速。我们要比平时稍微说慢一点。紧张的人说话，要么出奇地快，要么出奇地慢。如果抱着"赶紧说完算了"的心态，语速过快地说话，最终对方也听不明白。所以，请稍微慢一点，用清晰的语调说话，让自己表现得很有自信。

而且，越是没有自信的人，说话时结尾越不清楚。说话时，声音会随着语句的结束而逐渐变小。如果语句结尾不干脆利落，连你自己也会觉得自己的意见显得很靠不住。所以，请清晰地说出"我想是这样的""我的意见是这样的"。

总结来说，就是要做到**比平时的声音大约高两个音调，确保声音清晰、洪亮，语速要慢一些，完整地表达**。

即使听众分心，也要专注表达

对于那些在发言前容易紧张的人，我建议在坐着的时候，按住手掌中心那个能让心情平静下来的穴位。

此外，在发言时，不要总想着自己正被他人注视，而应主动且细致地观察在场的每一个人，然后再开口发言。我重申，你才是那个"观察者"。

或许有人看似对你的发言兴致索然，觉得乏味。特别是那些地位较高的人，这种表现尤为明显。（坦率讲，我甚至想教他们如何倾听他人讲话！）

因此，你可能会感到忐忑不安，觉得是不是自己的发言不太对劲，或者有点偏离主题了。越是这样想，就越会感到声音缺乏自信，而且很容易加快语速，急于结束讲话。

不过，我要告诉你的是，**那种看起来无精打采的表情，可能就是那个人的标准表情而已**。这也因公司而异，不过在大多数公司里，开会的时候大家都是一副无精打采的样子。越是地位高的人，表情往往越严肃，从某些角度看甚至会让人觉得像是在生气。

以前，在培训结束后，我听到过这样的反馈。

"在一众面无表情的高管之中，森下老师仍能讲得如此开怀，着实令人钦佩！"

"那副表情不就是他们的标准表情嘛。"

听到如此说法后，对方似有认同之意。所以，在发言前，最好仔细观察周围人的表情，确认实际情况。

"今天他们又是一副无精打采的样子。他又摆出了那副不高兴的脸。"

这不是你的错，只要把它当成标准的参会表情就好了。此外，很少有人会在开会时微笑着听人说话。所以，如果你身边有这样的人，我希望你能照顾好他们的情绪，当你在倾听别人说话的时候，也要尽量面带微笑，营造一种轻松交谈的氛围。

尤其是当你处于优势地位时，一定要这样去做，这将使发言的下属展现出更多的优点。

● 在不否定他人意见的情况下表达自己的观点

人们常说"YES-BUT 原则"是一种很好的方法，既能表达自己的观点，又能与他人持不同意见。

"YES-BUT 原则"是先通过"是的""我认为你是对的""我理解你说的意思"来肯定对方的观点（YES），之后再陈述自己想要论证的相反观点（BUT）。一旦接受了对方的意见，对方就不会觉得反感。

真的是这样吗？一听到"但是"，我就会想，这算什么，不就是走个形式吗？**"但是"**原本就具有否定前述内容，强调后述内容的作用。因此，这种说法只会让人觉得自己遭到了否定。

更精明的人可能会说，"YES-BUT-YES 原则"才是王道。和前面所提到的"YES-BUT 原则"一样，首先通过"你说得对"（YES）等表述接受对方观点，之后再通过"但是"（BUT）等表述提出相反的意见，最后以肯定和表扬（YES）结束，如"我喜欢你的观点"或"你说得对，你看问题的角度很犀利"。

确实，乍一看似乎很不错。在客户服务中，最后的应对方式会在对方脑海中留下深刻的印象，所以最后给人留下好印象是很重要的，这一点我明白。然而，此类观点稍显模棱两可，致使受众难以明晰其确切表意。此外，这或许会给人留下一种因顾虑惹人厌烦，从而迎合对方观点的印象。

因此，我将介绍一种有效的技巧，既能让你表达自己的观点，又不会让对方觉得你否定了他们。

这种方法就是"YES-AND 连接法"（也可以称为"YES-AND 原则"）。首先肯定（YES）对方的意见，说"我觉得你说得非常对"，之后通过"所以……"进行连接（AND），接着表达自己相对立的观点。

比如，对于对方的观点，我们经常会说："确实，这种方法也不错。**但是，我觉得……更好。**"这时候就可以用刚才提到的"YES-AND原则"，"确实，这种方法也不错。**所以，我觉得……更好。**"

虽然表达的内容完全相同，但方式有所不同。**只是把"但是（BUT）"换成了"所以（AND）"。**

当听到"但是"的时候，人会立刻产生被否定的感觉。然而，当用"所以"连接时，即使后面的内容是对自己的否定，也会让人产生一种被肯定的错觉。这样一来，就更容易打动对方的心。

比如，对方认为"现在应该把钱花在新宿店上，重新翻修"，而你却持相反的观点，认为"首先应该把钱花在培训员工上"。在这种情况下，只需要把"当然，翻新新宿店是个好主意。**但是，我认为我们应该先花钱培训员工**"改为"当然，翻新新宿店是个好主意。**所以，我认为我们应该先花钱培训员工**"。

你可能会觉得从语法上来说有点奇怪。虽然写成文字看起来有点奇怪，但人类的对话本身就像是一连串奇怪的语法。如果作为日常对话来听，其实并不会觉得奇怪。如果你录下自己的对话，就会很容易明白这一点。我自己在做研讨会录音的文字整理时，也发现尽管当时表达的意思大家都理解了，但从语法上来看，其实有很多地方是不正确的。

你可能觉得这只是一件小事，但人与人之间的对话，往往因为一点小事而产生争执,也常常因为一点小事而建立起信任。

正因为如此,"YES-AND原则"才如此有效。这种方法非常简单易用,希望你能尝试一下!

仅仅做到这些,就能表达出自己的意见

YES-BUT原则

"是啊""我觉得你说得完全正确""你说的我完全明白"(暂时肯定对方意见)"但是""可是"(表达自己想要主张的相反意见)

※人们在听到"但是"这个词的瞬间,就会产生"自己被否定"的印象。

YES-BUT-YES原则

"是啊"(暂时接受对方)"但是"(表达反对意见)"那个意见很好""不愧是你,能注意到关键的地方!"(最后肯定对方或者表扬对方)

※最终想表达的内容没有传达给对方。最糟糕的情况是,可能会给人留下"对方越来越接近自己观点"的印象。

YES-AND原则

"我觉得你说得确实没错"(暂时肯定对方意见)"所以"(继续表达自己想要主张的相反意见)

只要把"但是"换成"所以",就更容易打动对方的心!

第4章 高情商社交表达术:六大场景破局妙招　　137

让你的观点成为共同结论

不希望被对方批评,希望说服对方或顺利得到对方的认可。在这种情况下,说话时就要做到不言自明。

要做到不言自明,最简单的方法是先说:"**我相信你们都知道……**"或"**我相信你们已经意识到,我和你们一样为公司着想……**"之后继续发表自己想传递的观点。

如此一来,对方就会觉得,如果予以否认,就意味着自己没有为公司着想,所以很难去反驳。该方法同样适用于演讲等。

另外,在会议场合,大家都讨厌的是那种东拉西扯,过了很久都得不出结论的发言。特别是那些穿插着英语来说的人,以及频繁使用专业术语的人等,在逻辑性强、善于逻辑思考的人较多的会议中,这类人应该会遭人讨厌吧。

人们常说,在会议上发言时尽量先从结论说起,再具体说明得出该结论的理由。

可以试着按照"**这就是……(结论)因为……(具体说明理由)**"这样的方式来说话。

先说结论,也会让发言者看起来更有信心。

告别"自我中心",用"对方视角"激活共鸣

有些人总是不听别人的意见,只发表自己的看法,事实上,在会议上,我们要认真倾听别人的意见。这一点看似理所当然,很多人却做不到。

人们紧张时,往往只考虑自己,采取"自我视角"。认真倾听并试图理解他人时,人们便会仔细观察对方。如果站在"对方视角",就能减少紧张,让对方更容易倾听自己的意见。

没有人会相信一个在别人说话时显得无聊、不认真倾听、只发表自己意见的人。不被倾听所带来的感受,极有可能成为滋生强烈反感的根源。

即使不同意对方的观点,也要认真倾听,试着了解他们的想法。这种态度会赢得人们的信任,在此基础上,即使不同意对方的观点,你说出来的话也会更有说服力。

勇敢说出想法,不因得失而沉默

你一定也曾有过有话要说,却不知道该不该说出来的经历。如果有话要说,即使可能会很尴尬,也应该大声说出来。

"我当时就应该告诉他……"

"我是第一个想到的……"

如果知道自己会后悔，那就更应该说出来。尤其是在考虑到公司、团队和客户的情况下，即使结果不被接受，也一定要把自己想说的话说出来。

如果只是"想让自己看起来很有能力"或"需要维护自己作为领导的尊严"，不说也无妨，但如果是对周围的人或事物进行认真思考后的想法，就应该勇敢地说出来。身居高位的人往往更喜欢敢于直言的人。

当然，你的意见也许不合时宜。不过，**如果发言内容已经超越自身得失，并且体现了为公司、团队和客户着想的态度，则一定能引起人们的共鸣，引发关注。**

小贴士

紧张通常与说话的技巧或胆量无关。

周围有很多厉害的人时，就容易觉得自己像是"被观察者"。

去寻找那些看起来有些无聊的人，让自己成为"观察者"。

面试场景：如何让紧张的情绪快速平复？

为了能在面试中表现出色（不搞砸面试），主要有两个方法。

第一个方法是做好充分的准备，另一个方法则取决于你站在什么角度。

经常有人说自己面试时会紧张，尤其是在自己想加入的公司面试时，这是因为你希望公司能选择你。

如果认为"自己可以选择公司"，你的意识和看待面试的方式就会改变。**不是公司选择你！而是由你来选择公司！你才是"选择者"！**

通过面试后，求职者将获得一份工作，可能会在该公司工作多年，甚至终生。如此重要的事情，为什么不自己选择呢？或者，有些人可能有自己的目标，并计划在一两年后辞职。但哪怕只是一两年，也不能随意浪费。

如果没有做出自己的选择，"加入公司后，我发现这里并不是我想象的那样"等抱怨便会出现。当然，为了生活，为了金钱，为了各种原因，在找工作的过程中可能会受到很多因素的影响。有些人可能发现很难找到工作，并认为"只要有人录用我就好"，但是如果你是面试官，你会愿意雇用一个这样的人吗？又有谁愿意与这样的人合作呢？

无论一个人外表多么出众，若他这般说道："我容貌姣好，厨艺精湛，工作能力卓越，对待伴侣专一，且颇具智慧。相当不错吧？我目前单身，所以你能否与我携手相伴？与我在一起吧！"倘若有人以这种"求被挑选"的姿态向你自我推销，多少会令人心生反感。

此外，有些人一味地盲目考取各种资格证书，但实际上证书越多反而越容易让人敬而远之。当然，如果目标明确，能说明"考取这些证书是为了实现某个具体目标"，那就非常值得赞赏了。

有时，那些本以为能成为自身优势而去考取的资格证书，反倒可能产生反作用。因缺乏自信，会给人一种但凡能拿到手的证书就拼命去考的感觉。这种动机易被面试官看穿。所以，若考取众多证书，需好好阐释缘由。

我期望你能转变观念，意识到实则是你在挑选公司。如此一来，你的立场便会从被挑选的一方转变为"选择者（观察者）"，紧张情绪也会随之逐步缓解，你也不会做出讨好面试官的低级之举。

去面试的时候，要仔细观察公司的氛围、在那里工作的人的状态，可以通过前台人员、人事人员以及面试官来判断一些问题，比如"自己是否适合这家公司""自己真的想为这家公司工作吗""公司里的人是否值得尊敬"。

即使在被称为就业难的时代,也有人能够成功找到工作。这取决于你看待问题的角度和准备得是否充分。有些人会说:"但我上的不是一所好大学……""但我的学习成绩不好,还留过级……""但我年龄有些大了……"等。他们大概觉得自己的这些情况是自身的劣势吧。我压根不觉得这是劣势,只需凭借足够的能力去克服便是。为了做到这一点,希望大家能够尽早做好充分的准备。

肯定也有一些企业,连面试的机会都不给你,直接在简历阶段就被刷掉了。很遗憾,那只是与你无缘的公司而已。

若无论如何都渴望前往,就写一封充满热忱的信,或者做些你力所能及的事情。这确实非常困难,但也有通过这种方式成功获得录用的人。倘若实在不愿放弃,不妨一试。

无论是刚刚步入社会还是转行,都是由你来选择公司!请记住这一点。不过,"选择者"并不意味着颐指气使,请不要误解。

清晰梳理自身优势和不足

我们通常可以预料到面试中会被问到的大多数问题。除了显而易见的"自我介绍"和"申请理由"之外,求职者可能还会被问到一些与自己的简历和申请表等有关的问题。

"你的优势（弱势）是什么呢？"

"你有哪些特殊技能？"

"你未来的梦想（目标）是什么呢？"

"你遇到过的最快乐（悲伤）的事情是什么呢？"

"作为一名学生，你在什么方面投入的精力最多呢？"

"你从兼职中学到了什么呢？"

"你参加过哪些研讨会呢？"

"加入我们，你将为公司带来哪些好处呢？"

"你对我们公司的……有什么印象呢？"

"为什么选择我们而不是同行业的其他公司呢？"

我仅列举了一些具有代表性的问题，不过你肯定清楚，这类问题会被问到。既然如此，就需要充分准备。事先把面试中可能被问到的问题都准备妥当，如此，便不会过度紧张，导致表现失常了。

面试是一个尽情展示自己的机会。然而，**如果不了解自己，就无法充分展示出自己的优点。**因此，**一定要进行彻底的"自我分析"。**

我高考失利，没有考上理想的大学，但我又很想去自己理想的公司工作，这就是我比其他人都更认真地找工作的原因。

结果，在被称为就业冰河期的时代，我收到了几家企业的录用通知，并顺利进入了自己的"第一志愿"，这家公司在当时也是很受欢迎的企业之一。

我认为，我胜出的原因是我做了很好的自我分析，能够给出恰当的自我介绍和应聘动机。第一次进行自我分析时，我就意识到自己并不了解自己。我还发觉，那些糟糕的经历、失败过往，以及与往昔不愿回想之人的相处，皆让我收获颇丰。这或许略显乏味，然而自我分析对于认识自我而言，绝对不可或缺。

因为做了全面的自我分析，所以无论遇到什么样的问题，我都不会动摇自己！在进行自我分析的过程中，首先，**可以尝试写下你从出生到现在的个人经历**。之后，还可以试着回忆并写下快乐或悲伤的事情、记忆深刻的事情、当时热衷的事情、经常思考的事情、与什么样的人（包括朋友和恋人）交往以及从他们身上学到了什么。我认为，我们每个人都会在某个时期，在思想等方面发生巨大变化。我们还要想一想自己身上的变化是在什么样的事件之后发生的，又是如何变化的。

你的长处和短处是什么？你的优势是什么？你喜欢哪种类型的人，不喜欢哪种类型的人？你有什么梦想？你将来想做什么？你想在死前实现什么目标？在什么样的地方才能实现你的潜能？5年或10年后你想成为什么样的人？你喜欢做什么？你崇拜谁，最终想成为什么样的人？针对这些问题，我们要仔细思考后把答案写在笔记本上。

即使与找工作或换工作无关，我也建议从未进行过自我分析的人进行这样的尝试。实践过后，我们会更加了解自己。

如果不了解自己，面试时，我们将无从应对。如果不了解自己，又如何能引起面试官的兴趣呢？

在面试之前，首先我们要进行自我分析，更好地了解自己。

遇到盲区时，坦诚地说"我不知道"

如果有人问一些自己不明白的问题，或者很难回答的问题，我们就会紧张。如果不知道该如何回答，最好诚实地说"我不知道"，而不是稀里糊涂地随意敷衍，这样才会给人留下好印象。

在找工作时，一家上市企业的总裁曾对我进行过最后一轮面试。

对方向我提出的问题是："你如何看待日本当前的经济形势呢？"我当时也不知道该如何回答。所以我的回答是："对不起，我不知道！"

"你不看报纸吧？"

"我根本没看过报纸！不过，虽说可能有些自大，但我知道贵公司今后应该以怎样的方式来拓展店铺业务！"

"那你就来说一说吧！"

我在作为求职活动一环的店铺走访过程中,直接向各位店长了解情况,并就那家公司的发展方向阐述了自己的一些看法,还进行了交流。结果总裁说:"我很满意!你这家伙真是个傻瓜!你虽然是个傻瓜,但为人坦率又开朗。到目前为止我面试过很多人,可像你这样充满活力地说不知道的,还是头一回!"总裁对我很满意,我也就得到了录用通知。

我觉得,对于不知道的事情,可以精神饱满地说"我不知道!"不过,不要就此结束,之后可以谈一谈自己对公司的一些想法,或者你擅长的事情。比如可以说:"我不知道!但您可以问我任何关于现场客户服务的问题!"另外,越是尝试使用不习惯的词汇,就会越紧张。

虽说在面试中,人们认为使用过于稚嫩的表达是大忌,但其实偶尔说一些也无妨。当然,不能通篇都用稚嫩的表述方式,只要表现出你有注意的态度就可以了。

在面试中,重要的并非求职者的语言措辞。倘若你正在找工作,**面试成功与否关乎你的个性、潜力以及与公司文化的"兼容性"**;而若你有意跳槽,成功与否的关键则在于,倘若公司雇用你,你能够做些什么,又能为公司带来什么。事实上,这正是企业面试官所看重的要点。

尽管我作为讲师在大家面前讲过很多次,甚至还写过一本关于如何讲话的书,可有时候也会不自觉地冒出稚嫩的表达来。

没有企业会因为求职者使用稚嫩的表达而放弃某一个人，如果有，那就不是一家好企业。因此，如果面试中不小心使用了稚嫩的表达，也完全不必惊慌。

● 破除失眠焦虑，即使失眠也不会影响发挥

难以入睡不仅出现在面试前，在演讲前一天、约会前一天等都会出现。你可能也会发现，越是焦急地想"我得睡觉，我得睡觉……"就越难入睡。

而且，如果第二天早上发现自己没睡好，就会感到不安。因为在各种书籍中都写着面试前一天要保证充足的睡眠。

但是，其实睡眠不足也没关系。当然，完全不睡觉是不行的，如果能睡上三个小时，也就够了。

我每次有演讲的时候，也几乎都睡不着，只睡两三个小时是很常见的事。甚至有时候只睡一个小时。但是，我从来没有因为睡眠不足而出现脑子不好使的情况。**状态不好的关键在于，是你自己主观觉得没睡好。**

如果第二天是重要的日子，睡不着是很正常的。如果连续好几天都睡不好，那才是问题，但如果只是两三天睡不好，则完全不用担心。

一直以来人们都说重要日子的前一天要睡好，但其实并非如

此。与其担心睡不好，不如彻底做好准备，排除不安的因素。认为因为没睡好，实力就会下降，其实只是一种主观臆想。

所以，请不要再去"因为没睡而很担心"，也别再把这种话挂在嘴边了！一旦说出来，就会让自己陷入更加不安的状态。

与其说"我还没睡觉，明天我可能无法正常思考"，不如告诉自己**"我还没睡觉，因此我会更好地开展工作"**。只要转化成积极的表述方式，大脑真的就会更加灵活。

开头微笑问好，结尾高质量提问

无论任何场景，发言的**关键均在于开头与结尾**，面试也是如此。首先是开头，我们必须做到微笑和问候！

当步入房间时，应以洋溢着愉悦之情的微笑向面试官亲切问好。人们常说，面试官在第一眼看到求职者时，就会决定是否录用。我曾多次担任面试官，深知第一印象的重要性。

因此，求职者应该尽可能多地练习自己的第一句微笑问候语。

之后，就是提问时间和临别时的问候。在面试的最后，通常会被问到"你有什么问题吗？"

在这种情况下，**回答"没有什么问题"是绝对不行的**。最糟糕的情况是，因为觉得必须得问点什么，就问出"福利待遇如何?"这样的问题。一旦问出这种问题,面试官会立刻感到失望。他们会想,难道这是你最看重的事情吗?还有一种常见的情况是问"你们提供资格认证方面的帮助吗?另外,具体是怎么样的呢?"这种问题会让人觉得,这种事现在问合适吗?而且这些信息通常也会在公司简介里提到。

提问时间是展示自己的绝佳机会,哪怕你再怎么把"自我介绍"和"求职动机"说得天花乱坠,也会因此而前功尽弃。在客户服务中也是这样,最后的部分才是最关键的。

如果有问题,当然可以问。如果没有问题,可以问一些体现你渴望加入公司意愿的问题,比如,"如果能加入贵公司,我需要学习什么?"或者"如果收到了入职通知,我可以先去实习吗?"等。

提问时间是一个绝佳的展示机会!但其实,提问并不是唯一的选项。你可以像这样最大限度地展示自己:"这不是一个问题,但我真的想告诉您,我非常想加入贵公司!今天来到贵公司,我更加坚定了这个想法。所以,请您务必考虑我,我是'克服紧张大学'的森下!这有点像竞选演讲,不过还是要拜托您。"或者也可以用来弥补刚才没发挥好的地方:"这不是一个问题,但我真的想告诉您,我刚才没有解释清楚,我的优势其实是……"

在临别时的问候环节,要说一句发自内心的感谢:"感谢您的聆听！"之后离开房间。请不要忘记，最后的提问时间是你进行最后展示的绝佳机会。

> **小贴士**
>
> 要有力地展示自己的优势、可能性以及为什么选择这家公司。
>
> 以表达对对方倾听至最后的感谢之语来收尾。

远程场景：怎样让屏幕成为社交"加速器"？

因为面对的是屏幕，所以远程交流（演讲、会议、商务洽谈、面试、聚会）更容易让人成为"观察者"，而且与线下相比，更不容易紧张。

因为不用亲自去见对方，也不用去公司等他人的地盘，而是在自己熟悉的地方，需要帮助时还可以看一看笔记，不会像在线下那么紧张，所以远程交流更适合怯场的人。

即使是远程交流，我们也必须仔细观察对方和参与者们。如果觉得自己处于"被观察者"一方，可以通过切换视图，将众多参会者的脸都显示出来，就能站在"观察者"一方了。

"大窗中的你"看到屏幕上"小窗里的人"时，就不会紧张了。

● 远程沟通的"黄金准备清单"

线上交流的缺点是不可避免地会因电脑、手机和信号等突然发生故障而出现问题。有些人以前可能在线上交流时遇到过突发问题，并因此而惊慌失措。

正如人们常说的那样，要进行线上交流，充分的准备工作非常重要，这样才能避免问题的发生，为可能出现的突发问题做好预案。

①机器、应用程序、麦克风和线路的准备。

第一步是准备机器、应用程序、麦克风和线路。如果使用平板电脑或智能手机进行连线，则要确保电量充足。此外，还要预装视频会议软件、团队协作工具和聊天软件等常用在线工具的应用程序，并进行试用。

如果是第一次使用相关设备或系统，可能会出现各种问题，比如连接不上、声音传不过去、切换摄像头时手足无措，或者邀请邮件不知怎么找不到了，找不到登录链接等。越着急，就越会陷入困境。

即使是擅长信息技术的人，如果因为环境发生变化，而没有提前进行测试，也会出现无法与对方连接，从而陷入慌乱的情况。请务必提前进行测试。

如果使用电脑，请准备好网络摄像头、麦克风或耳机等设备。麦克风的收音效果会因环境而有很大差异，所以务必进行麦克风测试。如果是使用平板电脑或智能手机，通常不需要特别注意麦克风的问题，但如果是使用电脑，一定要和家人、朋友或同事等一起测试并调整麦克风的收音效果。

另外，远程交流时，线路故障或信号延迟是常见的问题。请确保在稳定的网络环境中进行。如果可能的话，尽量使用有线连接，而不是无线连接。

②提前准备好说话内容。

容易紧张或不擅长表达的人，往往会无法说出自己想说的话，甚至会忘记要讲的内容。甚至在最初的闲聊阶段就可能会紧张起来。所以，请提前准备好当天会议或商谈中要说的内容。

☑ 寒暄用语

无论是为了缓解自己的紧张情绪，还是为了和对方拉近距离，抑或是为了营造一种轻松的氛围来推进远程会议或商谈，寒暄都是非常重要的。可以提前准备并写下要寒暄的话题！

如果对方在社交媒体上发布过内容，提前查看一下，就不会为寒暄的话题发愁了。例如：

"昨天看了现在很热门的那部电影！"

"（提到查看对方的社交媒体）您养的宠物超级可爱呢！我在社交媒体上看到了它的照片！"

☑ 当天的主题

请提前整理好当天要讨论的内容、需要确认的事项以及目标等。

例如：关于"向客户提交报告"的会议讨论。

（出席者）永井、江口、中里、森下

（时间）11月28日13:30—15:30（严格遵守结束时间）

（内容）以下为确认内容：

- 报告内容
- 展示的数据
- 不应展示的数据
- 展示数据的呈现方式
- 问题点和解决方法
- 负责人分配和期限

☑ 共享的资料

如果有需要共享的资料，请务必在会议正式开始前进行确认。需要注意，不要让别人看到私人或不适于展示的内容。

曾有人在屏幕共享时，分享完一份资料后将其关闭，打开下一份资料时，不小心让客户与下属看到了之前忘记关闭的亲昵聊天记录。而且，还被发现在工作时间使用聊天软件的事实……这实在是尴尬，所以在正式开始前一定要确认，把不必要的东西都关掉。

如果使用私人电脑，还需要检查标签页里是否有奇怪的内容。

共享资料一般包括：

- 数据信息的共享
- 以前受到好评的报告样本
- 可以公开的数据的展示模板

☑ 提问事项/确认事项

明确要向对方、参与者或负责人提问的内容以及需要确认的事项。例如：

- 向负责人确认是否能在规定的期限内完成
- 确认在规定期限内，最多能做到什么程度，最少又能完成到什么程度

☑ 关于下次会议

关于下次会议，确定下次会议的目标和日程等。能够在当场立刻决定，是线上会议的魅力所在。

例如：下次会议召开时间是 12 月 2 日 13:30—15:00。

③应对故障或问题时的准备。

远程会议时，如果突然出现故障或问题，就会慌乱。因此，为了避免慌乱，提前做好准备是非常重要的。

例如，线路故障。如果因为故障导致网速下降，视频画面中断，要迅速切换为仅音频模式，并说明情况。如果对方正在说话，那么要在合适的停顿处说明情况。如果连音频都无法使用，也可以通过聊天功能来传达信息。

此外，要提前告知或询问对方紧急情况下的联系方式，如果上面那些方法都不行，就可以通过电话或通信软件进行联系。

作为替代方案，还可以使用智能手机等设备进行热点共享，解决暂时的问题。无论是自己这边出现问题，还是对方那边出现

问题，都可以说："对于沟通上的困难，我深表歉意。"先道歉在沟通中是比较好的处理方式。即使问题出在对方那边，这样做也能让对方感到轻松。

此外，在线上商谈等场合，即使问题出在自己这边，只要道歉并解释情况，几乎都能得到对方的理解。

当然，如果即便如此还是被对方责备，我认为坦然接受对方的意见也是很重要的。因为在线商谈的节奏被打乱会让人承受较大的压力。

如果对方是一个平时就容易焦躁的人，即使问题并不在你，也可能会把责任推到你身上。无论如何，问题已经发生了，即使是不可抗力导致的，我认为也要先认真倾听对方的意见，并尊重他们的主张，这是很重要的。在这种情况下，不要觉得"自己遭到了抱怨"，而是要认为"自己在让对方抱怨"。

④房间环境和视频背景的准备。

现在的摄像头性能越来越强，背景也能拍得很清楚。如果房间会被拍到，那么需要提前整理干净，把那些拍到会不妥的东西收拾好。

一个脏乱或者到处都是杂物的房间，会给人留下邋遢、不靠谱、不可信的印象。因此，保持干净整洁是很有必要的。

背景也能传递信息

许多人在线上活动时不太在意自己的背景。当然，如果只是和志同道合的人聚会或参加一个无关紧要的会议，什么背景都可以。然而，在重要的商务洽谈、心仪公司的面试、晋升考核等场合，要更充分地利用好背景。

背景非常重要！在肮脏拥挤的大楼里办公的律师和在漂亮的写字楼里办公的律师，你觉得谁更值得信赖呢？

答案显而易见。通过连线，人们会看到律师身后的背景，从而对这位律师有了深刻印象。

当大学教授和专家出现在电视上时，我们经常会看到他们身后有一排厚厚的技术书籍。我不知道是什么原因，但他们看起来很权威，也很聪明。但如果后面是一排动漫、偶像海报，或者是漫画呢？他们的权威是否会大打折扣呢？

即使是我们完全不认识的运动员，如果他们身后摆放着很多奖杯和证书，我们也会觉得他们看起来很棒。

之所以会有这种感觉，是因为**人和背景在潜意识中被视为一体**。因此，如果背景不好，即使你看起来性格很好，也会显得有些不可信。相反，如果背景好，即使你表现一般，也会给人留下好印象。

线上连接期间，保持房间整洁固然重要，但要更加注意背景。比如，想给人聪明的印象，就把难懂的书在身后摆成一排；如果想给人干净、真诚、认真的印象，就用白色的墙壁作为背景；如果想展示自己的活力，可以在身后陈列一些自己的旅行照片，或者展示自己登上山顶时的照片；如果看起来比较严肃，可以尝试放一些可爱的玩偶。

此外，如果画面太暗，背景和脸色也会显得不好，给人的印象也会变差。而线上交流中，常常能看到画面昏暗的情况。为了让房间或脸色看起来更明亮，可以买一个价格实惠的环形补光灯。

一般来说，补光灯有三种颜色。带有温暖感的橙色调，也就是"灯泡色"；最接近太阳亮度的、自然光的色调，也就是"昼白色"；最亮、偏白且带点蓝色调的"日光色"。

在线上环境中，自然色调的"昼白色"是比较合适的。如果将环形补光灯的颜色设置为"昼白色"，脸会显得更漂亮。不过，在线上聚会或者比较轻松的会议中，带有放松氛围的"灯泡色"也是可以的。"日光色"偏蓝，可能会让脸色看起来不太好，使用时要注意。

⬤ 用虚拟背景增加趣味性

用虚拟背景虽然要看具体的公司和商务洽谈对象，但一般来说，除了求职或跳槽面试、与补习班或学校老师沟通，以及需要走动的演示之外，其他情况下使用视频会议软件（如 ZOOM）的虚拟背景也是可以的。

不过，如果想要有效地利用背景，还是用真实背景更好。比如说，在摆满深奥书籍的虚拟背景书架前，并不会让人看起来更有权威感，反而会显得很假。但要是当作玩笑来使用的话，倒还可以。

虚拟背景可以作为一种交流形式来使用。比如，**使用让对方啧啧称奇的虚拟背景，会有更多的闲聊话题**。毕竟，任何人都想和有趣的人一起工作。

不可避免的是，自从线上沟通越来越普遍后，人们之间的闲聊变得不那么热闹了，好点子也不怎么涌现了，沟通也变得越来越少了。

在这种情况下，使用有趣的虚拟背景会让氛围也变得轻松有趣起来。我朋友的上司在参加会议或讨论时，每次都会更换虚拟背景。有时用自己替换人气偶像团体成员作背景，有时则选用人气游戏的场景作背景，据说这些背景常常能成为沟通的切入点。

你越是一个认真的人，选用这类富有童心或幽默感的背景，就越容易让这些背景成为与他人开启对话的契机。这样一来，大家都会露出笑容，不再紧张，能够进行良好的沟通，从而开展一场充满创意的讨论。

在线聚会中，也可以使用有趣的虚拟背景或即时通信软件的特效功能（比如脸部经过处理，出现兔子耳朵和鼻子等）来活跃气氛。

不过，对于虚拟背景来说，如果背景中有运动元素，可能会导致背景中断，从而使实际房间的景象暴露出来。有人在使用虚拟背景教一些简单的减肥体操时，每次他挥动手臂，虚拟背景就会中断，结果他凌乱不堪的房间暴露无遗。本人似乎意识不到这一点，但这种情况的确有可能发生，所以一定要小心。

远程交流期间，如果会在发言中使用手势，那么最好不要使用虚拟背景。

远程交流的三个注意事项

我曾说过，远程交流（演讲、会议、商务洽谈、面试、聚会）更容易让人成为"观察者"，不像在现实生活中那么紧张，所以比较适合怯场的人。但线上确实也存在比线下更困难的地方。那就是，沟通交流变得困难了！

远程交流期间，很可能说话不流畅、难以向对方传达自己所说的话，或难以理解对方在自己说话时的反应。有时也很难听清对方在说什么，或不知道什么时候该向对方表达自己的意见。

远程交流无法像面对面交流那样能感受对方的温度，而且随着参加人数的增加，这种困难也会相应增加。

也许有些人明明认真参加了远程会议，却还是被指责"是不是没好好听""应该更积极地参与"等。这可能是因为，尽管你觉得自己正常参与了会议，但存在表情过于木然、摄像头位置不佳，或是一直盯着资料、眼神始终低垂等情况。

因此，与面对面交流相比，远程交流需要特别注意以下三点。虽然有人觉得这是理所当然的事情，但不要轻视这些理所当然的事情，要好好确认一下自己是否切实做到了这些。

①**留意目光的方向：让对方感知到你的目光。**

因为要传达信息的对象并不在眼前，所以很容易不自觉地把目光集中在屏幕上对方的反应上。

然而，如果看着屏幕说话，眼神看起来总是会显得有些低垂。我们需要抬起眼睛，对着摄像头说话，并且**需要事先确认摄像头的位置**。说话时，要查看屏幕上的对方，但**有时也要边说边看摄像头。尤其是当有重要的事情要说，或者有话要告诉对方的时候，一定要看着摄像头**。

这时，要尽量在说话时把对方当作"唯一的传达对象"或联想为"对自己很重要的人",这样自己的想法就会以一种让人印象深刻的方式传达出来。

例如,**可以在摄像头后面放置最喜欢的孩子的照片等,这样就能以富有爱心的方式传达信息。**

我们还可以将自己取得的成就或能够激发自信的物品(证书、奖杯、企划书、照片等)放在摄像头后面明显的地方。如果我们在说话时感受到了这些物品带来的正面影响,就能自信地传递信息。

这样,只要能在摄像头后面做一些小小的设计,我们就能展示自己的力量,传达自己的思想和情感。

同样需要注意的是,一直盯着资料看会降低视线,给人留下不好的印象。如果必须在众人面前发言,你可以将摄像头置于屏幕正中间。

与线下不同,像线上面试这种情况,可以准备一些提示卡,即使是容易紧张的人也不必担心自己会跑题。但是,如果一直低着头,就很明显是在看什么内容,所以最好把它放在屏幕的侧面等地方。

如果提示卡是长篇文本,则很难带入感情,会给人一种阅读的感觉。所以,准备提示卡时切记要总结要点,说话要有感情。

②**注意面部表情:无论何时都保持微笑。**

我们可以在线上看到对方的面部表情。**但反过来,对方也能**

看到我们的面部表情。因此，毫无表情地听对方说话会让人感觉不舒服，会给人冰冷的感觉，留下不好的印象。

因此，在线交流期间，我们要面带微笑，倾听时做出比线下更多的反应。当然，这也取决于沟通内容。

如果说话时表现冷淡，会给人留下为人冷漠的印象。因此，线上交流期间，有必要面带微笑，说话时要比线下更有感情。

在线上交流的过程中，要试着**以嘴角上扬的状态说话或倾听**。毕竟，说话时嘴角上扬会给对方留下好印象。

正如我前面提到的，如果在摄像头后面放一张孩子或自己喜欢的宠物或偶像的照片，并尝试对着照片说话，我们就会自然地微笑，而微笑时，语调也会随之改善。

微笑的关键是扬起嘴角，露出牙齿。如果不露出牙齿，对方就很难看到我们的笑容。线下交流也是如此，但线上交流时这一点更为重要。

有些人可能会因为牙齿不好看而排斥微笑。我以前也是这样，所以我能理解这种感受，但我们还是应该大胆地露出牙齿微笑。别人其实并不会太在意你的牙齿排列如何，只要你露出笑容，就会越来越受到对方以及周围人的喜爱。

此外，即便在早上困倦、感到痛苦悲伤，或是难以展露笑容时，也有一句神奇的话语，只要说出口就能让人看起来像是在微笑，那就是"哇咔咔"。其关键在于"咔"的发音——当清晰发出这个音节时，嘴角会自然上扬，形成类似微笑的表情。而且，"哇咔咔"这一发音本身会给人一种愉悦、欢快的感觉。

在远程会议或者商务洽谈之前，试着多念几遍"哇咔咔"进行发音练习，这样就能带着一个不错的笑容开始会议了。

③**注意声音：保证对方能听清。**

想必你也经历过在线上沟通时听不清楚的情况，这比想象中更让人有压力。因此，在线上说话时，**要点是比面对面交流时声音要更大一些，语速稍慢一些，并且要把句子的尾音说清楚。**

由于通信环境不同，最好在刚说话时适当留出一些停顿时间。之后根据实际情况调整说话方式。

如果担心对方是否能听清楚，可以主动确认一下："你能听清楚吗？"另外，在线上交流时，"嗯……""啊……""比如……"这类口头禅会比面对面交流时更显眼。

线上交流时，对方会更仔细地观察你，所以像"身体一直在颤抖""双手抱胸听讲""一边说话，一边摸自己的头发""反复舔舌头""说话时反复触摸前额和下巴"等动作太多的话，也会格外引人注意。当然，希望大家能放松自在，但还是不要连续说出无意义的话语或者做出多余的动作。

这些言语和动作之所以会出现，是因为它们每天都在发生，我们也可借此机会来纠正。和朋友们进行线上聚会时，可以问问他们"我有没有什么奇怪的习惯？"如果被指出来了，就要有意识地去改正。只要认真地去做，是能够改正过来的。

综上，我介绍了远程交流的三个注意事项，但在网上互动时，还会有很多不同的情况，而且每个人所处的环境都是不同的，要灵活调整。

远程交流比线下更容易受到基础设施的影响，基础设施是指计算机的规格、连接状态、在家里还是在外面，以及周围的总体环境。因此我们应努力营造良好的线上交流氛围，**让对方感觉比在线下见面更舒适、更容易交谈和倾听（易于接收信息）**。

● 从陌生到信任，迅速拉近心理距离

在远程沟通中，人们之间只是机械联系，很难做到心灵相通。但在商务洽谈、会议和讨论中，与对方的联系有多紧密、彼此之间的坦诚程度有多高，决定了这些活动是否能够顺利进行。

有一个技巧，即使是在线上，也能立即建立心与心的联系。那就是，**在线上看到对方的那一刻（与对方建立机械联系的那一刻），就面带微笑地向对方挥手致意**。如果语音也能立即接通，可带着笑意挥手说："你好，渡边先生！"

虽然可能有点不好意思，但这样能瞬间拉近彼此的心。其实这就是一种"把顾客变成老客户的简单技巧"，非常有效，希望大家试一试！

当你以前负责过的客户或者很熟悉的客户来访时，就要按照以下这样的方式来应对。**当顾客踏入店铺的那一刻，或者看到顾客的瞬间，就要用最灿烂的笑容去打招呼！**

我多次使用过这种方法，仅凭这一点，顾客就会逐渐成为常客。你可能会想："这样就能成为常客吗？"但事实就是如此！

因为当顾客踏入店铺的瞬间，或者与店员对视的那一刻，如果能收到发自内心的笑容和问候，顾客就会逐渐把这家店当作"自己的归属"。

在这个世界上，真的有很多人会感到"不知道自己属于哪里"。所以，当你用发自内心的笑容迎接顾客时，顾客会感觉到自己被接纳，从而感到安心。

这样一来，顾客就会选择这家店，而不仅仅考虑价格、位置或者竞争对手的情况。在线沟通也是如此。**当别人用真心快乐的笑容接纳自己时，就会觉得自己被接纳和包容，从而感到开心。**

这个方法不仅在与见过几次面的人连线时效果显著，即便双方是初次见面，只要此前有过多次邮件交流或在社交软件上有过互动，同样行之有效。你可能会觉得，这个方法对年龄差距较大的长辈没什么用，其实尝试之后会发现，他们比你想象的更容易接受。

如果对方的反应比较冷淡也不用太在意。可能因为对方不习惯，或者感到有些惊讶，甚至是有一点害羞。

但根据经验来说，这种方式通常会让人感到高兴，而且说不定从下一次或者再下一次开始，对方也会挥手致意。

在彼此建立机械联系的那一刻，面带微笑地向对方挥手致意是非常重要的。这种行为能够传递出积极和友好的信号，帮助双方打破沉默，促进交流！

此外，表情与动作要尽量夸张，这是因为夸张的表情和动作能够更好地吸引对方注意力，传达情绪，增强表达效果，让对方产生共鸣，有效缓解紧张情绪！

屏幕隔不断温度，打造"握手式"沟通氛围

有些人可能不习惯在与他人交谈的过程中微笑和挥手。事实上，微笑和挥手是非常有效的交谈技巧。除此之外，还有一些更简单的方法可供使用。

比如，**与对方联系在一起的感觉**。更确切地说，就是**想象与对面的人握手的感觉**。

边握手边交谈是我们与对方建立联系的证明。即使在现实生活中，人们也很少会一直牵着对方的手，不停地交谈。尤其是在现在这样一个需要保持社交距离的时代。但即便这样，我们也可以营造出一直手拉手在交谈的氛围，这种感觉也会传递给对方，从而与对方达到心意相通。

这是因为，潜意识其实并不知道实际是否真的在握手，它无法区分"实际握手时的触感"和"想象中握手时的触感"。

所以潜意识会解读为**"这是一种可以一直手拉手交谈的关系"**。这样一来，正因为是这样的关系，紧张感就会缓解，人会变得放松，处于一种接纳对方的状态。这种状态也会传递给对方，让对方同样也接纳自己。

我知道有些人会想："这是真的吗？"但它的效果的确比你想象的要好。

人际关系是相互映照的。如果对方敞开心扉，你也会自然而然地敞开心扉。同样地，当你敞开心扉时，对方也会逐渐敞开心扉。

不过，一定要有真实握手时的感觉。关键是要想象对方手的温度，感受握住时的触感。而且，**如果你真的有了握手时的触感，就可以认为你们拉近了彼此的距离。**

闲聊中也能敲定合作

这里给大家介绍两个在线商务洽谈中利用潜意识的超强销售技巧。有些人可能是因为紧张，或者根本没考虑对方的感受，总是迫不及待地直接进入商务洽谈。

双方都处于紧张状态，可以说在关系还没有升温的情况下，就开始了商务洽谈，这样的话，原本可能成功的洽谈也会变得难以成功。

尤其在线上商务洽谈中，由于无法像面对面那样感受到温度和氛围，因此闲聊的时间应该比面对面时更长一些。

我认为可以提前准备一些闲聊的话题。如果对方是在家中，可以先称赞一下对方的室内装饰或者背景中出现的某些东西。在这个时候，对方也会放松下来，不会对你保持戒备。而任何人在听到"今天，占用您时间是因为……"这样的话时，都会开始紧张起来。他们也会开始对你的话保持警惕。

你难道不是这样吗？当和销售人员聊天，一旦开始谈判，你是不是会立刻警惕起来，比如想"别让他说服我！""这真的是好商品吗？""在这里购买真的好吗？"等。

在闲聊的时候，对方是不会保持警惕的。这个时候就是最好的机会！远程交流不是面对面，对方又处于家里等自己熟悉的环境，所以闲聊时会更容易放松。

你应该利用对方在闲聊时放松下来的这段时间，把自己想传达的信息传递给对方！比如，在闲聊时可以像下面这样说。

"哎呀，很久没有参加线上聚会了，昨天喝得太多了，现在已经没事了。我和一位上个月刚完成新居装修的客户一起举办了线上聚会，那位客户的太太非常开心，听着她的分享，我也感到特别高兴,结果喝多了。我一个人喝完了一整瓶红酒……"

明白了吗?这就是在暗示"我得到客户足够的信任,可以与客户的家人进行在线对饮""我收到了客户的积极反馈""我会持续跟进房屋建成后的后续工作"。

如果在商务洽谈中说:"我深受自己服务过的客户的信任""客户给了我积极的反馈""我会在您安置好房屋后继续跟进",对方可能只会觉得这是普通的销售说辞。**如果是在闲聊中说起,则不会引起反感情绪,能够给对方的潜意识留下深刻的印象。**

请把真正想传达的信息融入闲聊中去。

激发客户对商品的兴趣

在商务洽谈中,当你介绍完商品或服务后,可能会感到不安,不确定对方是否真正理解了商品的优点,是否对其产生了兴趣。特别是在线洽谈时,这种感觉可能更明显。如果能让客户自己对商品或服务感兴趣,就可以事半功倍。

假设你向客户推荐了一款商品。在洽谈过程中,介绍了该商品的特点。当然,用心地解释它的优点,以及"为什么我可以自信地向客户推荐该商品"等是非常重要的。

很多人在介绍完之后，往往会用以下话语来结束发言。

"您有什么问题吗？"

"有什么难以理解的吗？"

"请考虑一下。"

这样问就太可惜了！ 介绍完之后，可以试着这样问客户。

"您觉得这款商品的优点在哪里呢？"

"您对这款商品的哪一点感兴趣呢？"

这样问的话，客户就会主动说出其优点或感兴趣的地方。但是，**这其实只是客户在复述你之前介绍的内容而已。**

从这里开始才是关键，**当客户用自己的话去说的时候，他们会有一种仿佛在表达自己想法的感觉。**

自己说出商品的优点，客户会产生一种错觉，仿佛这些优点都是自己想出来的。这样一来，客户会对原本不感兴趣的东西产生兴趣。

原本觉得还不错的商品，会变得更加吸引人。这就好比当你口中说出"有趣"的时候，你真的会觉得这件事情"变得有趣起来"。重点是，如果你希望对方理解或认同某件事，就要让对方自己说出来。

漂亮收尾，迅速下线

在本篇最后，我给大家讲讲关于离场（结束会话）的事情。可能有人觉得很难把握离场的时机，其实无论是商务洽谈、会议还是商讨，不要一直拖拖拉拉地保持在线状态，应迅速下线，这一点很重要。

毕竟，线上交流很难找到合适的时机结束对话，所以一旦结束，就要好好地说："今天非常感谢您！""托您的福，这次洽谈非常顺利。今后请多多关照！"或"（面带灿烂笑容，同时挥手）非常感谢您！再见！"像这样说完感谢的寒暄语后，马上退出线上会话。

从商务礼仪的角度出发，最好是职位较高的人率先离开，但在线上的情况下不必太在意这一点，只要说完结束语，就可以迅速退出。如果拖拖拉拉的话，会让双方都产生压力。

这和打电话的情况不同，没有必要等待对方先退出。

小贴士

即使相隔很远，通过屏幕进行交流时，只要在脑海中想象与对方握手，就能让彼此放松，也能拉近心理距离。

恋爱场景：如何用高吸引力的说话方式打动对方？

如果不是公事，在异性面前紧张也没关系，无论是约会、相亲还是在公司谈话都是如此。

当然，我们也不能太紧张（并不是说这有什么不好，但对方可能会觉得我们比他们想象的更糟糕），但在某种程度上，紧张会让人看起来更有魅力，无论男性还是女性都是如此。

就像电视剧里演的那样，如果一个平时工作出色或很有男子气概的男性在女性面前脸红或尴尬，这难道不会让他更有魅力吗？

当一个美丽、聪明的女性突然脸红时，人们也会觉得她很亲切，很可爱。我觉得什么都太擅长是很可怕的，**在恋爱中，有点紧张和害羞是好事。**

例如，当着异性的面手发抖时会感到尴尬。但从对方的角度来看，我认为他们会觉得发抖的表现很有人情味，很有吸引力。

很少有人会因此被拒绝。若因这件事就否定一个人，难免有失偏颇——关系的发展需要更多维度的考量。但是，如果根本不习惯与异性交往，紧张得几乎说不出话来，我们就需要对自己多加训练。最简单的训练方法就是问路，问路的对象最好是与自己年龄相仿的异性。

真正受欢迎的人所具备的特质

紧张是难免的，但请不要只顾及自己的感受。之前我举过在高级餐厅感到紧张的例子，其实是想说明：希望你能把注意力更多地放在对方的感受上，而不只是关注自己。

关于什么样的人真的会受欢迎，我可以很自信地说，这和"酷""佳人""帅哥""时髦""潇洒""富翁""热门职业""高学历""高收入"这些因素其实都没有关系。

真正重视对方的人，会让人心生好感。一开始，对方可能并不觉得你是自己的理想类型，也没有把你当作恋爱对象来看待，但是当对方看到你无比重视自己的样子，会被深深打动，也会逐渐被你吸引。

你想做到这一点，就要认真倾听对方的话，展现出重视对方的姿态，甚至要有一种对方的幸福就是自己的幸福的心态。

接下来，我会列举一些与异性交往时的禁忌行为。

与异性交往时的禁忌行为

> **不向对方表露好感**

有些人因为害羞或害怕受伤，不敢向对方表露好感，这是不行的！如果双方都有好感，但出于不想受伤的心理，选择隐藏自己的心意，就会错过彼此。

➤ 只考虑自己

当喜欢的人在自己面前时，不要因琐事而斤斤计较，这会让对方感觉和你在一起很无趣。不要只考虑自己，而是要把心思放在眼前的人身上。

➤ 因为紧张，对对方的话心不在焉

重要的不是要表现得不紧张，也不是去考虑接下来该说什么。重要的是，要认真倾听对方的话，让对方感到开心。

➤ 总是讲自己的工作或者吹嘘自己等

自我披露是很重要的，但如果只是一味地讲自己的事，对方也会觉得无聊。要听一听对方的话，并且多关注对方的感受。

➤ 因为想要装酷而预订自己不熟悉的餐厅

如果因为想要装酷而去预订不熟悉的餐厅，只会让自己更加紧张，对方也许也会感到紧张。可以选择对方喜欢的店，或者能体现你个人风格的店。

称赞七次，就会成真

一定要多称赞别人。谁都会因为被称赞而感到高兴。**那些受欢迎的人，毫无疑问都很擅长称赞他人。**

不习惯被称赞的人可能是不知道该如何接受称赞，会感到害羞，甚至无法坦率地表达自己的喜悦，但内心是高兴的。

如果你每次见面都称赞别人，对方会感到高兴，也会更有自信，而且还会期待再次与你见面。这样的话，发展成恋爱关系的可能性是非常高的。所以，要多多去称赞别人！

很多人都希望得到他人的理解、认可。也许，你也是这样的人。为了满足这种心情，有一种简单且容易传达的方法，那就是称赞。**其实，称赞不仅仅是对对方的肯定，它能让对方感受到被理解，为对方创造一个属于自己的位置。**

那么，应该称赞哪些方面呢？只要是你觉得好的地方，都可以称赞。重要的是，与其纠结称赞哪里，不如真诚地表达出你内心的想法。

我建议每次见面都去称赞对方。有些人会因为不想每次都称赞同一件事，而努力去称赞不同的方面，其实完全没有这个必要。

每次见面都可以称赞同一个方面。比如，你称赞对方"眼睛很漂亮。我可以从眼神中看出你的个性"，那么每次见面都可以继续称赞"眼睛真漂亮""眼睛果然好看"或者"真的，从眼神中就能看出你的个性"。

你越是夸赞，真实感就会越强。被夸赞的一方，一开始可能会想"这是不是场面话"，但被反复夸赞后，他会觉得"或许真是这样吧"。

根据我的经验，我相信无论何种称赞，只要达到七次，就会显得很真实。需要说明的是，这里的"七次"并不是指一天内称赞七次，而是指每次见面时都称赞一次，累计七次。

即使是没有自信的人，只要被称赞七次，也会逐渐变得自信起来。这也是帮助对方建立自信的一种方法。

另外，如果要称赞其他方面的话，除了"眼睛很漂亮"之外，对女性来说，称赞一些细微的变化，效果也很不错。比如可以说"你的眼睛真的很美！哦，你换发型了？你比以前更漂亮了！"等。这样称赞的话，对方会因为被注意到变化，以及感受到你一直在关注她而感到高兴。

通过名人偏好洞察对方的"理想自我"

每个人都有"希望别人这样想或这样看自己"的愿望。如果能理解对方的这种心理，就能让对方觉得"这个人了解真正的我"。

但是，即使直接问对方"你希望人们如何看待你？"他们也很难诚实地回答。即使对方回答了，也往往是用委婉的方式表达真正的愿望，人们通常不会轻易说出口。

然而，只要问出"**魔法问题**"，就能在对方毫无察觉的情况下，**一下子揭示出对方的愿望**。而且，这是一个非常简单的提问方式。

那便是**询问对方喜欢的同性别名人是谁**！是不是超级简单呢？

"美幸最喜欢的名人是谁呢？"

"最喜欢的名人吗？我最喜欢某偶像团体的小翔！"

"哦，小翔，那你喜欢他什么呢？"

"我不知道，可能是那种知性的感觉吧……他很自然，但一走到台前就有一种气场！"

"我在电视上看到他时，也觉得他身上有一种光环，表现得很自然！"

"是啊，是啊，是啊！他内心的洁净也会表现在外表上！"

"他很温柔，颜值也在线。"

"是的，是的，他属于甜系长相！"

"甜系长相。这倒是真的……美幸，你说话可真有趣！对了，女艺人，你喜欢谁呢？"

"女艺人的话，我喜欢小美。"

"哇，小美也不错。你喜欢她什么？"

"她不仅长得漂亮，性格也特别好，时时严格要求自我。"

"是的，你说的没错。"

"她很会演戏，是个天生的演员，生活里她会不断提升自己，对每个人都很友善……"

"原来是这样啊……"

像这样，询问对方喜欢的同性别艺人，就是能让对方"希望被如此看待的愿望"显现出来的"魔法问题"。

让对方"希望被如此看待的愿望"显现出来

不过，实际上喜欢的艺人是谁这种事，真的没那么重要，重要的是喜欢的理由，**这正是对方希望从别人那里得到的评价。** 在这个例子中，美幸喜欢小美，说她不仅漂亮，而且对自己要求很严格，

很会演戏，还会提升自己，同时也很关心别人。所以，你只要用类似的语言赞美美幸即可。之后美幸就会想"**这个人理解我**""**这个人是真正懂我的人**"。但是，如果在听到对方对小美的描述后立即给予其赞美，听起来就像是为了讨好奉承她而说的。

所以请你再等一等。例如，你可以在分别时赞美对方。更有效的方法是在**分别后给对方发信息**，或者在下次见面时赞美对方，总之要在对方忘记自己曾告诉过你关于最喜欢哪位艺人的事情后给予其赞美。

"美幸不仅长得漂亮，而且还非常关心他人，对自己的要求也非常严格"，像她评价小美那样给予其赞美，也是可以的，但最好稍微改一下措辞。这样就不用担心被发现自己借用了对方曾经说过的话。

即使下一次见面，你也可以随口称赞对方："美幸，你不仅外表美丽，而且待人非常和善。你真的会注意到很多事情。你对人很好，但我打赌你对自己很苛刻……你比别人更努力。"

之后，对方会非常高兴（只要看对方的嘴角就很清楚啦），并且说道："哎呀，您过奖了。"再次看到你时，通过眼睛就能看出对方对你的好感。因为你明白对方的期望。

即使对方想让别人知道自己的愿望，周围的人也不一定会这样看待他，甚至连父母都不一定能这样看待他。然而，在这样的情况下，你却能看到。对方怎么可能不对你抱有好感呢？

也许你会想:"这是一种操纵人心的技巧!""这不是很卑鄙吗?"但是,我不认为这是操纵人心,而是一种让人变得更快乐、帮助实现对方愿望的技巧。

在这个世界上,哪怕只有一个人能看到自己期望的模样,也是一件令人高兴的事情。

我觉得,**只要有一个人能理解自己,自己就能朝着所期望的样子迈出一步。**

如果对方是一个无论交给他什么工作都能出色完成,很能干的人,我们会忍不住夸奖:"你什么都擅长!"但对方可能会想"这个人只看到了我的表面"。在这种情况下,我们也可以给予能引起对方共鸣的赞美,比如"你真的比任何人都努力"。

这个"魔法问题"让我们再也不会夸错人了。这不仅在恋爱关系中非常有用,在上司与下属、父母与子女、朋友之间也是如此,对于维护夫妻关系也很有效。在与妻子相处的过程中,我也经常使用这个方法。

展现对方理想恋人的形象

请回忆一下前面的例子中介绍"魔法问题"时的情景。在那个例子中,美幸的朋友还曾询问美幸为什么喜欢小翔。这也是有原因的。

当被问及最喜欢的名人是谁时,通常人们会说出某位异性的名字。之后,我们可以继续询问对方喜欢这位名人的原因。通过谈话的方式询问会更好,这也是我们获得对方信息的绝佳机会。**喜欢某位异性名人,通常是因为这是自己理想中的异性类型。**

因此,你由此便能了解与对方交往的方法。在前面的例子中,美幸喜欢小翔的理由是"我不知道,可能是那种知性的感觉吧……他很自然,但一走到台前就有一种气场!""是的,是的,他属于甜系长相!"等,所以如果要与美幸交往,就要表现出自己知性、自然的一面。当在某件事情上有绝对的信心,或者当自己处在一个需要有男子气概的环境中时,要表现得强势一些。

如果衣着、发型、言谈举止等与对方喜欢的异性明星相似,那就更好了。我们不需要长得像某位明星。毕竟,要长成明星那样的脸并不容易,但我们可以让自己的气质看起来更加接近对方。

这个"魔法问题"虽然使用起来很简单,却非常有效,所以一定要试一试哦!

● 恋爱与工作要成功,格局很重要

毕竟,每个人都希望能够和让自己感到幸福快乐的人在一起。为此,你需要给予他人幸福。或者,你自己必须看起来很幸福。**如果你自己感到幸福,这种幸福感会感染对方,让对方也变得幸福起**

来。就像和开朗的人在一起，不知不觉中自己也会变得开朗起来。

然而，如何变得受欢迎并不是真正重要的东西，重要的是，**你是一个什么样的人**。

如果你在背后说前男友或前女友的坏话，或者因为觉得恋人看不见就做出背叛的行为，或者总是讨厌自己、批评和否定自己，那么你之所以不受欢迎，正是因为你是这样的人。

人们常说，想要取得成功，自身的格局很重要。就好比，想要成为有钱人，就要打造出能容纳钱财流入的"容器（格局）"。也就是说，这个"容器（格局）"形成了，与这个"容器（格局）"相匹配的钱财才会流入进来。

确实是这个道理。如果在还没有形成格局的情况下，突然有一大笔钱到手，可能是一个很大的挑战。

因为没有形成足够的格局，人会变得极其傲慢，或者怀疑有人在觊觎自己的钱财，变得疑神疑鬼，还会认为现在的工作很无用，突然就无故旷工不再去上班。又因为不懂得如何使用和管理钱财，就会胡乱挥霍。等意识到的时候，已经背负了巨额债务，还失去了一直以来拼命努力构建起来的工作以及重要的家人和朋友，最终陷入不幸的境地。

这一点在彩票中大奖后突然暴富的人，或赚得盆满钵满后破产的人身上，体现得淋漓尽致。

恋爱也是如此。因此，你首先需要构建成为优秀恋人的格局。这样一来，对方自然就会主动向你靠近了。

如果了解潜意识，我们就会更好地理解这一点。在意识的世界里，有些人会认为"自己有了女朋友，就要善待她，让她开心"，但在潜意识的世界里，则是"他是一个善良、快乐的人，所以才会交到女朋友"。

与意识世界不同，在潜意识里格局先行。我们可以从艺人身上深刻地理解这一点。那些经过长期努力，不断积累，打造格局的艺人，虽然花费时间长，但最终会取得巨大成就。然而，那些被称为"昙花一现"的突然走红的艺人，往往在受到关注后就销声匿迹了。

如果打造好了格局，潜意识就会引导与你相匹配的人来到你的身边。那么，你应该怎样打造格局呢？

即使当下尚未遇见恋人，也可以提前为未来的亲密关系筑牢根基——打造一个足以让伴侣感受幸福的人生格局。如此一来，即便此刻仍是单身状态，你也能在自我修炼中，逐步成长为那个具备给予他人幸福能力的人。

这样想的时候，你就会明白未来应该对他人和自己采取什么样的言行方式。

> **小贴士**
>
> 问题不在于如何遇到对的人，也不在于如何受欢迎。
> 重要的是你是一个怎样的人，并且要注意平时的言行。

○ **后　记** ●

数一数"成就清单"：你早已光芒闪耀

　　假设你的恋人长期容易紧张，读了这本书后，他下定决心要彻底克服怯场心理，并为此而努力。

　　他对于每个月轮流一次的三分钟演讲最不擅长，虽然只有三分钟，但还是要讲一些内容。然而，只要一站到人前，他就会全身止不住地颤抖，并且对此格外在意。

　　一天的晨会中，他又一次因为紧张而没有得到自己想要的结果。他非常沮丧："我明明已经确定了方向，并且付出了努力，可还是没有成功……"

　　当被问及此事时，他说经过努力，自己比以前好多了。虽然腿还是会颤抖，但手只会在最初的片刻发抖。以前大约会在演讲中离题三次，这次只有一次。当被要求用 1 到 10 分来评价自己的紧张程度时，他说，如果满分是 10 分，以前自己的紧张程度大约是 9 分，这次大约是 6 分。

听到这些话时，你是否会否认恋人，比如说："看吧，我就知道你不行""你还是做得不够好！简直白费力气！""满分是10分，你给自己打6分，那不还是很紧张嘛！"或者你会表扬对方说："这不是很好嘛！你的手不再抖了！不管怎样，你已经做得很好了！"或者你是否会祝贺恋人取得了进步，并鼓励和支持对方说："你会变得越来越好的！我非常期待你未来的成长！"

我相信，你是一个心地善良的人，一定愿意给予其鼓励和赞美。因为你的恋人付出了努力，没有因为紧张而逃避。如果紧张评级已经降至6级（共10级），说明情况正在好转。

对自己温柔点：批评是为了更懂自己

如果是你自己无法消除紧张情绪，你又会如何处理呢？假设你尽了自己最大的努力，却没有得到预想中的结果，**当事态进展不顺利时，你会对自己说什么**？

"我就说我不行吧！"

"看吧，我就知道这不是个好主意……"

"我完全绝望了！为什么我学不会呢？"

"一共就10级，我现在竟然还能达到6级。即使我竭尽全力，最终也无法改变！"

"我无法摆脱紧张！反正就是克服不了！"

你是否会说这些否定自己的话呢？听到这样的话，你认为自己将来还会有动力吗？

请用上面的话，对你的恋人说一下试试。看看对方会有多么沮丧，会受到多么大的伤害！明明好不容易鼓起勇气去面对自己不擅长的事情了，说不定就会因为这些话而放弃了！这不就是在扼杀对方的可能性吗？

我想说的是，**改变才刚刚开始，很多人就因为自己做得不好而否定自己、欺负自己、伤害自己**。尽管确实在成长，但有些人只能看到自己做不好的地方，总是否定自己、责怪自己。这就是对自己太苛刻了，或者说这就是在欺负自己。对自己严格要求并不是恃强凌弱，而是要尽最大努力不断成长和发展。

很多人只能看到自己做不好的地方。相反，**我希望每个人都能看到自己的成功之处**，并且能为自己的成功之处、自己所付出的努力和自己的一点点成长而称赞自己。同时也要给自己一些奖励。

请一定要比以往更好地照顾自己，鼓励自己不断成长。

当你成了自己最大的批判者，会怎么样呢？

要是你扼杀了自己的可能性，又会怎么样呢？

就像对待你珍爱的人那样，更加珍惜你自己吧。

从出生到生命终结,始终陪伴在你身边的,唯有你自己。

请你自始至终都做自己的拥护者吧,一定要时刻为自己加油鼓劲。

看看身边的光:他们藏着世界的答案

借用"紧张"和"怯场"这两个词为自己打掩护的人,归根结底,只是在为自己着想,或者说从来都只会从"自我视角"去考虑问题。

只有站在"观察者"的角度,你才能将自己的注意力转向他人,更好地观察周围的一切。

在你身边——

有辛辛苦苦把你养大,并一直爱着你的年迈的父母。

有选择你作为世界上的唯一,并始终在背后支持你的妻子或丈夫。

有真心相信你、永远站在你这边的恋人。

有对你露出最灿烂笑容的你的孩子们。

有信任你、关心你的领导和恩师们。

有虽然很辛苦,但还是愿意对你严格要求的前辈。

有一直帮助你的下属和后辈们。

有在你看不见的地方，比你还努力奋斗的同事们。

有信任你的客户和委托人们。

有在你遇到困难、情绪低落时，向你伸出援手的朋友们。

你是否开始更加清晰地看到身边这些重要的人了呢？比起纠结于紧不紧张，是不是还有更重要的事情值得我们去关注呢？

通过站在"观察者"的角度，我确实不再紧张了。而且，我还发现了比这更重要的事情。

感谢你能读到最后。

本书的内容包括我从石井裕之先生那里学到的许多东西，他是一位极具魅力的治疗师，我非常尊敬他。我对石井先生感激不尽。我想借此机会向他表示衷心的感谢。石井先生的所有著作都非常出色，我强烈推荐大家阅读。通过阅读，你或许也会开始从不同的角度看待问题。

事实上，这本书原本是内容完全不同的演讲技巧书。而且，我当时已经写了大约三分之二的内容，但我就是对其中的内容感到不满。因此，我完全出于私心，提出了一个方向完全不同的新策划。大和书房的三轮谦郎先生欣然接受了我的策划，没有一句怨言。由于我的原因，日程有了很大的改动……让三轮谦郎先生的协调工作变得很繁重。正是因为有三轮谦郎先生在，我才能完成这本书。我真的很感激。

我写本书花了很长时间,连周末都用来写作了。妻子独自承担了许多家务,一定很辛苦。真的非常感谢她一直以来的支持!

最后,我想对读到这本书最后一页的你说,正是因为有你愿意读这本书,我才有机会写出自己的第十本书。尽管我曾经非常不擅长写作,甚至讨厌写作……我深刻地感受到,人真的可以改变自己。但是,这一切都要归功于你读到这本书的最后一页,给予我支持,以及分享你的喜悦和感想。真的非常感谢你!

我相信,即使有自己非常不擅长的事情,你也一定能够改变!我会一直支持努力的你。

森下裕道